CLOUD COMPUTING

Books LLC®, Wiki Series, Memphis, USA, 2011. ISBN: 9781158930203. www.booksllc.net
Copyright: http://creativecommons.org/licenses/by-sa/3.0/deed.de

Inhaltsverzeichnis

Amazon CloudWatch 1	Everything as a Service 16	OpenNebula 25
Amazon Dynamo 2	Fabasoft 17	OpenStack 26
Amazon Web Services 2	Fabasoft Folio Cloud 17	Open Cirrus 26
Apache Cassandra 6	Google App Engine 18	Platform as a Service 27
Autoscaling 6	Google BigTable 19	ReCAPTCHA 31
Chromebook 7	Google Text & Tabellen 19	Salesforce.com 31
Cloud Computing 8	Humyo 20	ServiceSource 33
Cloud Gaming 12	ICloud 21	Software as a Service 33
Crowdsourcing 12	Microsoft Windows Azure 21	Ubuntu One 35
Dropbox 14	MobileMe 22	WaveMaker 36
Egoditor 15	OAuth 24	Windows Live SkyDrive 37
Eucalyptus (Software) 15	Office 365 25	Wuala 37

Amazon CloudWatch

Amazon CloudWatch ist Bestandteil des Amazon Web Services. Es handelt sich um einen Dienst, der verschiedene Möglichkeiten bietet die eigenen Amazon-Web-Service-(AWS)-Ressourcen zu überwachen. Mit CloudWatch werden Daten zur Leistung und Ausnutzung von Systemen und Anwendungen gesammelt und ausgewertet, um einen Überblick zu generieren, der das Treffen von wichtigen Entscheidungen erleichtert. Beispiel: Mit CloudWatch kann analysiert werden, welche Auslastung eine bei Amazon EC2 gehostete Anwendung hat und man kann dementsprechend reagieren und eventuell weitere Amazon-EC2-Instanzen hinzubuchen.

Nutzen von CloudWatch

Monitoring

CloudWatch bietet die Möglichkeit verschiedene Amazon-Web-Service Produkte zu überwachen. Die zu überwachenden Metriken unterscheiden sich je nach Produkt. Für EC2 werden die CPU-Auslastung, Festplatten-Lese- und-Schreiboperatoren und die Netzwerktransferrate ausgewertet. Die EC2-Instanzen und Images können einzeln oder aggregiert betrachtet werden. Die Auswertung erfolgt über die AWS-Management-Console. Hier hat der Nutzer die Möglichkeit die Abfragen zusammenzustellen und sich die Ergebnisse als Graph anzeigen zu lassen.

Alarme

Ein weiteres Feature ist das Erstellen von Alarmen. Alarme können helfen schneller auf besondere Begebenheiten zu reagieren. Ein Alarm überwacht eine Metrik und sendet eine E-Mail (Amazon Simple Notification Service - SNS) bei Überschreiten eines vorab definierten Schwellwertes. So kann beispielsweise bei einer zu hohen CPU-Auslastung eines EC2 Images der Nutzer sofort eine neue Instanz hinzubuchen. Ein Alarm kann über die AWS Management Console oder die Command Line erstellt werden.

Für Amazon EC2 ist es möglich, einen Alarm so zu konfigurieren, dass er Autoscaling-Aktionen vornimmt. Das AutoScaling bei EC2 ermöglicht das automatische Hinzubuchen oder Entfernen von EC2-Instanzen in Abhängigkeit zur Auslastung. Ein Alarm kann somit selbstständig eine EC2 Instanz buchen, wenn z.B. ein definierter CPU-Wert überschritten wird.

Umsetzung

Grundlage von CloudWatch sind Metriken, die die Amazon Web-Service-Produkte bereitstellen. Viele AWS-Produkte sind bereits in der Lage, CloudWatch zu unterstützen. Die Produkte, die den Dienst unterstützen, senden ihre Metriken direkt an CloudWatch. Welche Metriken übermittelt werden, hängt von Art des Produktes ab. Amazon EC2 sendet u.a. die CPU-Auslastung, Festplatten-Lese- und -Schreiboperatoren und die Netzwerktransferrate. Die Datenhaltungszeit umfasst zwei Wochen.

Um Metriken richtig auswerten zu können, erhalten sie verschiedene Attribute. Eine Metrik erhält immer einen namespace, eine Dimension, einen Zeitstempel und eine Maßeinheit. Der namespace bildet einen Container, der die Daten einem AWS-Produkt zuordnet (z.B. AWS/EC2 oder AWS/ELB). Dimensionen werden benutzt, um verschiedene Filter zu nutzen. Die Dimensionen unterscheiden sich je nach AWS Produkt. Für EC2 wäre eine Dimension die instance ID.

Metriken werden im Fünf-Minuten-Intervall erfasst. Ein Intervall von 1 Minute kann gegen Aufpreis dazu gebucht werden.

Der Amazon Web Service wird in verschiedenen Regionen angeboten, die Metriken aus verschiedenen Regionen können nicht zusammengefasst werden und sind isoliert.

CloudWatch nutzt dann diese Metriken, um statistische Auswertungen durchzuführen und diese dem User in Form von Graphen über die Management-Console bereit zu stellen. Wenn Alarme definiert wurden, werden die hierfür erforderlichen Metriken in einem 5- oder 1-Minuten-Intervall überprüft. Gegebenenfalls werden E-Mails (Amazon Simple Notification Service - SNS) versendet oder EC2-Instanzen gemäß dem AutoScaling verwaltet.

Unterstützte AWS-Produkte

Folgende AWS-Produkte können mit CloudWatch überwacht werden:
- Amazon Elastic Block Store
- Amazon EC2
- Amazon RDS
- Elastic Load Balancing

Preise

Das Monitoring von Amazon CloudWatch ist für alle Kunden mit einem Amazon EC2, EBS, Elastic Load Balancers, oder RDS Account kostenlos. Hinzu kommen kostenlose zehn Alarme pro Monat.

Für die Herabsetzung des Überwachungsintervalls von Metriken von 5 Minuten auf 1 Minute werden $0.015 pro Instanz-Stunde berechnet.

Ab dem 11. Alarm werden pro Alarm $0.10 im Monat in Rechnung gestellt.
Von „http://de.wikipedia.org/wiki/Amazon_CloudWatch"

Amazon Dynamo

Amazon Dynamo ist genau wie Amazon S3 oder das Google File System ein verteiltes Dateisystem und ist damit ebenso im Kontext von Infrastructure as a Service einzuordnen. Wie auch das Google File System ist Dynamo für eine konkrete Anwendung optimiert, die auf die Anforderungen einiger Amazon Web Services zugeschnitten ist, die eine hohe Ausfallsicherheit benötigen.

Anforderungen

Amazon-Anwendungen erwarten, dass ein Storagesystem hoch verfügbar und extrem ausfallsicher ist. Insbesondere muss in jeder Situation gespeichert werden können.

"[...]even if disks are failing, network routes are flapping, or data centers are being destroyed by tornados. "

„[...]selbst wenn Festplatten versagen, Netzwerkverbindungen verrückt spielen oder Rechenzentren von Tornados zerstört werden."

– Werner Vogels, amazon.com: Amazon's Dynamo

Das System muss jederzeit inkrementell skalierbar sein, um Belastungsspitzen abdecken zu können, beispielsweise im Weihnachtsgeschäft. Komplizierte Datenbankzugriffe werden vermieden, der Zugriff erfolgt direkt über einen Schlüssel. Weiterhin muss an dieser Stelle auch nicht auf Sicherheit geachtet werden, da sich das System in einer „freundlichen" Umgebung innerhalb der Amazon-Services befindet, die von außen abgeschottet ist.

Aufbau

Dynamo baut auf einem Netz vollständig gleichberechtigter Rechner auf, d. h. es gibt keine zentrale Steuerung oder Verwaltung, jeder Knoten kann jede Aufgabe wahrnehmen. Diese Architektur wurde gewählt, um die Skalierbarkeit des Systems zu gewährleisten.

Dienste wie der *Shopping Cart Service* (der Dienst, der den Warenkorb verwaltet) erwarten, dass auf das Storagesystem immer schreibend zugegriffen werden kann, das System hoch verfügbar ist und geringe Latenzzeiten aufweist. Da die in den ACID-Kriterien definierten Eigenschaften der Konsistenz und der hohen Verfügbarkeit gegensätzlich sind, wurde – im Gegensatz zu traditionellen Datenbanksystemen – die Konsistenz zu einer *eventual consistency* („irgendwann schließlich konsistent") aufgeweicht. Eine weitere Eigenschaft war, dass überwiegend kleine (weniger als 1MB große) Dateien in Form von key-value-Paaren gespeichert werden sollen. Komplizierte Datenbankanfragen müssen nicht unterstützt werden.

Um die gewünschten Eigenschaften zu erreichen, wurde eine Reihe bereits in anderem Zusammenhang bekannter Verfahren genutzt:
- Consistent Hashing
- Sloppy Quorum und Hinted Handoff
- Vector Clocks
- Anti-Entropie durch Merkle Trees
- Gossip-basiertes Protokoll

Von „http://de.wikipedia.org/wiki/Amazon_Dynamo"

Amazon Web Services

Logo von „Amazon Web Services"

Amazon Web Services (AWS) ist eine Sammlung verschiedener Webservices, die auf dem Webportal von Amazon.com im Internet als Cloud-Lösung angeboten werden. Amazon Web Services wurde im Juli 2002 als Dienst für andere Webseiten oder Clientseitige Anwendungen gestartet. Die Dienstleistungen werden großteils über HTTP transportiert, wobei unter anderem REST und SOAP genutzt werden können. Nach Angaben von Amazon.com haben sich bereits über 490.000 Entwickler für die Nutzung von AWS registriert (Stand 25.

Februar 2009).

Alexa Top Sites

Alexa Internet ist ein Web Traffic-Dienst. Die 1996 gegründete Alexa wurde erst 1999 von Amazon.com übernommen und hängt mit der ebenfalls zu Amazon.com gehörenden Suchmaschine A9.com zusammen. **Alexa Top Sites** stellt dabei ein Ranking von Webseiten basierend auf Besucherzahlen weltweit oder nach Ländern plus detaillierte Informationen zusammen.

Alexa Web Information Service (AWIS)

AWIS ist ein Webinformationsdienst, der Informationen liefert über
- Detailinformationen über eine bestimmte URL
- historische Trafficzahlen (das jeweils vergangene Jahr)
- Seiten, die auf besagte URL verlinken

Amazon Associates Web Service (A2S)

A2S (früher unter dem Namen Amazon E-Commerce Service, kurz ECS, bekannt) bietet Zugriff auf die Amazonproduktdatenbanken.

AWS Identity and Access Management (IAM)

AWS Identity and Access Management (IAM) ist ein Verzeichnisdienst zur Verwaltung von Benutzern und Ressourcen. Er übernimmt somit ähnliche Aufgaben wie Active Directory oder eDirectory in der IT von Unternehmen. Ohne IAM beschränkt sich die Zugangskontrolle zu den AWS auf die Anmeldung über das Amazon-Konto, dem die Cloud-Ressourcen zugeordnet sind. Es entspricht einem root-Account, der vollen Zugang und sämtliche Rechte gewährt. Sobald mehrere User eine größere Zahl an Ressourcen verwenden wollen, lassen sich damit weder die Benutzer verwalten noch die Zugriffsrechte steuern.

Daher gehört es zu den grundlegenden Funktionen von IAM, dass man damit Benutzerkonten anlegen und diese zu Gruppen zusammenfassen kann. Bei der Definition von Gruppen lassen sich verschiedene Kriterien anlegen, wie die Zugehörigkeit zu einer bestimmten Abteilung oder die Tätigkeit der Person (Entwickler, Manager, etc.). Wie von anderen Verzeichnisdiensten gewohnt, können User gleichzeitig in mehreren Gruppen Mitglied sein.

Über IAM lässt sich der Zugriff auf die meisten AWS-Dienste regeln, darunter EC2, S3, SimpleDB, Auto Scaling, Route 53, Elastic Load Balancing, CloudFormation oder CloudWatch. Dabei definiert jeder Service auf seine Weise, welche Formen des Zugriffs er kennt. Um die jeweils verschiedenen Funktionen, beispielsweise "CreateBucket" in S3 oder "DeleteAlarms" in CloudWatch, über Richtlinien leichter kontrollieren zu können, unterstützt Amazon die Administratoren mit einem Policy Generator.

Amazon CloudFront

CloudFront ist ein Content Distribution Network. Es funktioniert sowohl in Zusammenhang mit dem Amazon Simple Storage Service als auch mit jedem über HTTP kommunizierendem Server ("custom origin").

Dateien können mit Hilfe von CloudFront in ein globales Netzwerk aus sogenannten Edge-Servern repliziert werden. Dies ermöglicht besonders bei zeitkritischen Zugriffen auf gespeicherte Objekte schnellere Datenübertragungsraten mit geringen Verzögerungszeiten.

Amazon CloudWatch

Amazon CloudWatch ist ein Dienst zur Überwachung und Kontrolle von EC2-Instanzen. Dadurch werden Nutzer in die Lage versetzt, Echtzeitinformationen zur Auslastung und Verfügbarkeit von einzelnen Instanzen zu erhalten. CloudWatch ist eine Grundlage zur Nutzung von Autoscaling, einem AWS-Dienst, der je nach aktueller Auslastung zusätzliche EC2-Instanzen verfügbar macht.

Amazon DevPay

Amazon DevPay ist ein einfach zu nutzendes Accountmanagement- und Billingsystem für Anwendungen, die auf AWS laufen.

Amazon Elastic Block Store (EBS)

Der **Elastic Block Store** dient zur persistenten Speicherung von EC2-Instanzen. So kann einer beliebigen EC2-Instanz eine EBS-Festplatte zugeordnet werden, sodass Änderungen an Daten durch die Instanz auch nach Beendigung der Instanz verfügbar bleiben. Amazon Elastic Block Store bietet dem Nutzer hochverfügbare Storage-Volumen an, die auf einer laufenden Amazon EC2-Instanz angebracht werden können. Sie können als Gerät innerhalb dieser Instanz ausgesetzt werden. Amazon EBS ist besonders für Anwendungen geeignet, die eine Datenbank, ein Dateisystem oder den Zugang zu unverarbeitetem Block Level Storage benötigen.

Amazon Elastic Block Storage (EBS) bietet unverarbeitete Block-Devices an, die an Amazon EC2-Instanzen angeschlossen werden können. Diese Block-Devices können dann wie jedes andere Block-Device verwendet werden. In einem typischen Anwendungsfall würde dies das Formatieren und Einbinden des Geräts mit einem Dateisystem bedeuten. Darüber hinaus unterstützt EBS eine Reihe von fortschrittlichen Speicherfunktionen, darunter Schnappschüsse und Klonen. Derzeit können EBS-Volumen bis zu 1 TB groß sein. EBS-Volumen sind in einem Backend-Speicher integriert, der sich automatisch repliziert. So wird gesichert, dass der Ausfall einer einzelnen Komponente nicht zu Datenverlust führen kann. EBS wurde von Amazon im August 2008 eingeführt.

Nach einem mehrstündigen Ausfall des EBS im April 2011 waren ca. 0,07 % der Daten in der betroffenen Availability Zone unwiederbringlich verloren. Mehrere US-Internetdienste waren von dem Ausfall betroffen.

Amazon Elastic Compute Cloud (EC2)

Die seit 2006 verfügbare **EC2** ist eine Art virtueller Host (genauer: eine Anwendung von Cloud Computing und Infrastructure as a service). EC2-Instanzen können über die Amazon Management Console, aber auch programmatisch über Web Services erstellt werden und sind während ihrer Laufzeit über das Internet verfügbar. Die Erstellung einer neuen EC2-Instanz erfolgt folgendermaßen: Zunächst wählt der Benutzer ein Amazon Machine Image (AMI) aus. Ein AMI enthält grundlegende Eigenschaften einer Instanz, beispielsweise ein bestimmtes Betriebssystem oder installierte Datenbanken. Es kann aus vorgefertigten AMIs ausgewählt oder ein selbst erstelltes und in S3 verfügbares AMI eingebunden werden. Anschließend erfolgt die Auswahl der Ressourcenkonfiguration, also die Hardware betreffende Entscheidungen wie Rechenkapazität oder Speichergröße. Zusätzlich ist der Standort der EC2-Instanz wählbar. Anschließend kann die Instanz nach Generierung eines Schlüsselpaares nach dem Public Key-Verfahren mit dem persönlichen Schlüssel gestartet werden. Der Rechner erhält sowohl eine öffentliche, von außen erreichbare, als auch eine private IP-Adresse zur Kommunikation innerhalb der EC2-Cloud. Nach der Definition einer entsprechenden Security Group kann auf den Rechner beispielsweise über Remote-Desktop von jedem Standort der Welt zugegriffen werden. Eine Instanz ist standardmäßig nicht persistent. Nach dem Beenden einer Instanz werden alle Änderungen, die während der Laufzeit durchgeführt wurden, rückgängig gemacht. Zur Speicherung von Zuständen kann Elastic Block Store (EBS) verwendet werden.

Amazon Elastic Map Reduce

Elastic Map Reduce baut auf EC2 und S3 auf und bietet dem Nutzer die Möglichkeit, direkt ein gehostetes Hadoopframework zu nutzen.

Amazon Flexible Payments Service (FPS)

FPS ist ein derzeit noch in der Betaphase befindliches Bezahlsystem für Micropayments

Amazon Fulfillment Web Service (FWS)

FWS bietet eine Möglichkeit, per Programmierschnittstelle auf die Warenhäuser von Amazon zuzugreifen und direkt bspw. den Versand von Produkten in Auftrag zu geben.

Amazon Mechanical Turk (MTurk)

Die Betaversion vom **Amazon Mechanical Turk** wurde am 2. November 2005 freigeschaltet. Sie ist eine Implementierung des *Humans as a Service* (HuaaS)-Paradigma. Es handelt sich dabei um einen Crowdsourcing-Marktplatz für einfache, aber auch komplexere Arbeiten über das Internet, die durch Menschen anstelle von Maschinen ausgeführt werden. Die Namensgebung stammt von dem Schachtürken, einem vorgeblichen Schachroboter aus dem 18. Jahrhundert.

Amazon Relational Database Service (RDS)

RDS ist eine auf EC2-Instanzen installierte ganz normale relationale Datenbank, für die AWS allerdings komplett die Wartung übernimmt. Dieser Dienst ist allerdings genauso wenig skalierbar wie eine Datenbank auf einem lokalen Server (im Gegensatz zu SimpleDB).

Amazon SimpleDB

SimpleDB ist ein sehr einfaches verteiltes Datenbankmanagementsystem, das lediglich einige Grundoperationen zur Verfügung stellt. Beispielsweise sind keine Joins oder semantische Integritätsbedingungen möglich. SimpleDB eignet sich vor allem für hochzuverlässige Datenhaltung sehr großer Datenmengen und unterstützt einfache Administration bei geringem Aufwand für Datenbankoptimierung. Tabellen werden als Domains bezeichnet. Relationale Datenbanken können auf EC2-Instanzen installiert werden oder durch den Amazon Relational Database Service (RDS) genutzt werden.

Amazon Simple Queue Service (SQS)

SQS ist ein Messaging Service, der eine einfache Messagequeue zur Verfügung stellt. SQS erlaubt die Erstellung von beliebig vielen Message Queues, die jeweils eine beliebige Menge an Einträgen beinhalten können. Einzelne Nachrichten können bis zu einer Größe von 8KB gespeichert werden. Anfragen an SQS können mit standardisierten SOAP-Requests erstellt werden.

Amazon Simple Storage Service (S3)

S3 ist ein key-value-basierter File Hosting Service. Daten werden dabei in sogenannten Buckets organisiert. Jedes Bucket muss amazonweit einen eindeutigen Identifier besitzen, das heißt, der Name darf nur ein einziges Mal vorkommen. Dabei gibt es pro Benutzer eine Beschränkung auf 100 Buckets. Eine Schachtelung von Buckets ist nicht möglich. Da Buckets auch als URLs adressiert werden können, gibt es für diese Buckets zusätzlich noch Beschränkungen bei der Zeichenauswahl im Namen. In einem Bucket können beliebig viele Dateien, die zwischen ein Byte und fünf TB groß sind, abgelegt werden. Einzige Einschränkung auch hier ist wiederum die Eindeutigkeit des Dateinamens (allerdings nur innerhalb eines Buckets). Zurzeit ist es auch noch möglich, auszuwählen, ob die Daten in den USA oder Europa gehostet werden sollen, was direkte Auswirkung auf Preisgestaltung und Zugriffsgeschwindigkeit hat. Neben der eigentlich gespeicherten Datei enthält ein S3-Objekt auch noch Metadaten wie bspw. Content Type, Datum der letzten Veränderung usw. Der spätere Zugriff auf die Daten ist über SOAP, REST und BitTorrent möglich, wobei weitere Schnittstellen in Planung sind.

Neben dem direkten Zugriff über SOAP, REST und BitTorrent gibt es auch Open-Source-Implementierungen wie JetS3t (Java), die die Interaktion mit S3 direkt innerhalb einer Programmiersprache ermöglichen. JetS3t beinhaltet auch das Browserplugin „Cockpit", mit dem man über eine graphische Oberfläche direkt Buckets verwalten und Daten hin- und herschieben kann.

Beispiel für die URL eines hochgeladenen Objektes:

Eine Datei "wikipedia.txt" in einem Bucket "wiki" wäre unter folgendem Link erreichbar:

- http://wiki.s3.amazonaws.com/wikipedia.txt

Beim Erzeugen des Links muss auch noch angegeben werden, wie lange dieser verfügbar sein soll.

Amazon Elastic Beanstalk

Im Januar 2011 wurden die vorhanden

Dienste „Amazon EC2, Amazon S3, Amazon Simple Notification Service, Elastic Load Balancing, and Auto-Scaling" zu AWS Elastic Beanstalk (beta) zusammengeführt und bilden damit ein Platform as a Service-Angebot (PaaS) für Java. Die Anwendungen können als WAR in einen Apache Tomcat deployed werden.

Der Betrieb einer kleinen Webanwendung kostet laut Amazon rund $ 38 pro Monat.

Die Besonderheit bei Elastic Beanstalk im Vergleich zur Google App Engine oder Windows Azure ist die Möglichkeit, die Betriebssystem-Images auszutauschen und sich direkt auf die virtuellen Maschinen einzuloggen und sie damit zu kontrollieren.

Beim Upload einer Anwendung wird jede neue Version in Amazons S3 Dienst gespeichert und es findet eine automatische Allokation der benötigen Ressourcen wie EC2 Instanzen und Load Balancer statt. Wenn die Leistung einer EC2 Instanz nicht mehr alle Benutzer in ausreichender Geschwindigkeit bedienen kann, wird automatisch eine weitere EC2 Instanz hochgefahren und die Anfragen werden gleichmäßig verteilt.

Netzwerk und Sicherheit

Zertifikate und Instrumente

Die Webservices, welche Amazon anbietet, stehen unter ständiger Beobachtung. Dies geschieht, um den Nutzern eine möglichst hohe Sicherheit gewährleisten zu können. Dabei achten aber nicht nur die Mitarbeiter von Amazon auf die Sicherheit, sondern das Unternehmen lässt sich alle 6 Monate von Wirtschaftsprüfern kontrollieren und zertifizieren. Dabei wird nach den Statement on Auditing Standards Nr. 70 vorgegangen. Diese Richtlinien gibt das American Institute of Certified Public Accountants vor und Wirtschaftsprüfer können diese als Hilfe zur Überprüfung der Unternehmen benutzen. Generell verfolgt Amazon ein Risikomanagement, um den Kunden weitere Sicherheiten bieten zu können. Ebenfalls mit einem Zertifikat ISO Norm 27001 geprüft, verfolgt das Unternehmen die Richtlinien des CobiT. Dieses Risikomanagement umfasst auch die Kontrolle aller IP Adressen der Endpunkte, welche mit dem Internet in Kontakt stehen, außer derer, die den Instanzen der Kunden zugeordnet sind. Dabei prüft Amazon auf Sicherheitslücken und mögliche gefährliche Aktivitäten.

Ausfallsicherheit

Neben den vorgeschriebenen Sicherheitsmaßnahmen vor Ort, wie unterbrechungsfreie Stromversorgung im Falle eines Stromausfalls, oder Rauch- und Feuermelder, stellt Amazon mehrere Globale Regionen und Zonen in diesen Regionen zur Verfügung. Ausgelegt auf Redundanz, kann der Kunde seine Daten, Anwendungen und Instanzen wenn gewünscht auf diese Zonen verteilen lassen. Sollte eine Zone oder gar eine ganze Region ausfallen, schaltet Amazon automatisch auf die nächste verfügbare Zone. Somit sollten Unternehmen, die Instanzen nutzen möchten, welche sehr nahe an 100% Ausfallsicherheit kommen, ihre Daten auf die verschiedenen Zonen verteilen. Ein kürzlicher Ausfall im Bereich der EBS Volumes zeigte jedoch, dass auch diese Mechanismen keine 100%ige Sicherheit garantieren können.

Netzwerksicherheit

Durch Angriffe aus dem Internet können Instanzen, die über die Amazon Webservices laufen, beschädigt oder gar zerstört werden. Zusätzlich besteht die Möglichkeit, dass diese selber eine Gefahr darstellen, wenn sie in die Kontrolle von Hackern geraten.

Man in the Middle

Diese Attacke soll dadurch verhindert werden, dass der Benutzer sich nur über eine gesicherte SSH-Verbindung mit den Instanzen verbindet. Für diesen Zugriff bietet Amazon dem User nach der Registrierung ein entsprechendes SSH-Zertifikat zum Download an.

IP-Spoofing

Eine durch Firewalls geschützte Umgebung sorgt dafür, dass das Versenden von IP-Paketen, welche eine gefälschte IP besitzen, nicht gestattet wird.

Port-Scanning

In den Nutzungsbedingungen der Amazon Webservices wird generell das Scannen von Ports untersagt. Dementsprechend verspricht Amazon, jedem Verstoß gegen diese Bedingungen nachzugehen. Somit wird jeder Scan nachverfolgt und sollte es sich dabei um einen nicht autorisierten Zugriff handeln, so wird dieser gestoppt. Prinzipiell muss der Kunde mittels Security Groups festlegen, welche Benutzer mit welchen Rechten auf Ports zugreifen dürfen. Sollte der Kunde keine Gruppe definieren, erstellt Amazon eine default Group, welche erst einmal jeden Traffic von Usern zulässt, welche der default Gruppe angehören.

Sicherheit im Bereich EC2

Speziell Kunden, die den EC2 Dienst nutzen, greifen auf weitere Sicherheitslösungen zu. Im Besonderen bietet Amazon ein Level System an. Damit ist gemeint, dass unterschiedliche Ebenen auch unterschiedlicher Schutzmaßnahmen bedürfen. Eine Ebene ist das Host-Betriebssystem. Hier muss sich der Kunde über eine mehrstufige Authentifizierung anmelden. Die nächste ist das Gastbetriebssystem, auf welchem der Nutzer vollen administrativen Zugriff auf alle Einstellungen besitzt. Dementsprechend sollten alle weiteren User keinen root-Zugriff erhalten. Eine Firewall sorgt über alle Ebenen mit der Definition von Gruppen, wie weiter oben bereits erwähnt, für kontrollierte Freigabe von Ports. Daneben verfolgt die Firewall eine Drei-Schichten-Architektur. Das ist die Web-, Anwendungs- und Datenbankschicht. Jede Gruppe besitzt bestimmte Ports, welche Traffic zulassen und auch nur über diese Ports.

Webschicht: Port 80 und 443

Anwendungsschicht: Zugang wird nur über SSH gewährt

Datenbankschicht: Autorisierten Dritten kann auch über SSH Zugang gewährt werden.

Kontroversen

Rechnungsbeleg

Amazon bietet seinen Kunden keine ordentliche Rechnung an. Das einzige Dokument, welches einer Rechnung nahe kommt, ist die Auflistung der Account-Aktivitäten. Diese weist jedoch keine Anschrift des Rechnungssenders und -empfängers aus und ist somit keine ordentliche Rechnung nach deutschem Recht. Für Unternehmen bleibt damit nur die Möglichkeit, einen Eigenbeleg zu erstellen und diesen beim Finanzamt einzureichen. Das Problem ist Amazon seit mehreren Jahren bekannt und wird im Entwicklerforum diskutiert.

WikiLeaks

WikiLeaks nutzte die Amazon Web Services Ende 2010 für die Veröffentlichung von geheimen diplomatischen US-Depeschen, um die zu erwartenden hohen Zugriffszahlen auf die Dokumente zu bewältigen. Amazon kündigte allerdings die Vertragsbeziehung einseitig mit der Begründung, dass das Hosting der Dokumente aufgrund einer Urheberrechtsverletzung gegen die Vertragsbedingungen verstoßen würde. Die Kündigung erfolgte ohne Gerichtsbeschluss oder offizielle Aufforderung seitens der Regierung der USA. Angesichts der hohen Bedeutung der Pressefreiheit und der Parallelen im Fall der Pentagon-Papiere von 1971 sowie der gerichtlichen Aufarbeitung im Hinblick auf die Veröffentlichung ist es allerdings fraglich, ob überhaupt gegen geltendes Recht verstoßen wurde. Dass ein Anbieter von Web-Services in der Cloud eigenmächtig entscheidet, wann und unter welchen Bedingungen er seine vertraglichen Verpflichtungen aufkündigen wird, verunsichert Nutzer von Cloud-Services.

Von „http://de.wikipedia.org/wiki/Amazon_Web_Services"

Apache Cassandra

Cassandra ist ein einfaches, verteiltes Datenbankverwaltungssystem für sehr große strukturierte Datenbanken (ein sogenanntes „NoSQL"-Datenbanksystem). Es ist auf hohe Skalierbarkeit und Ausfallsicherheit bei großen, verteilten Systemen ausgelegt. Die Daten werden in Schlüssel-Wert-Relationen abgelegt. Es ist offen dokumentiert und in Java implementiert. Die Implementierung wird als Freie Software unter den Bedingungen von Version 2 der Apache-Lizenz verbreitet.

Geschichte

Es wurde ursprünglich bei Facebook von Avinash Lakshman (einem der Autoren von Amazons *Dynamo*) und Prashant Malik für das Inbox-Search-Problem bei Facebook entwickelt und im Juli 2008 freigegeben. Danach haben auch andere große Unternehmen wie IBM, Rackspace und Twitter zum Code beigetragen. Das Projekt wurde im März 2009 bei der Apache Software Foundation als Unterprojekt in den Apache Incubator aufgenommen. Am 17. Februar 2010 wurde Cassandra von der Apache Software Foundation zum „Top-Level"-Projekt erklärt und ist somit kein Unterprojekt von Apache Incubator mehr. Die am 2. Juni 2011 erschienene Version 0.8 führt die Cassandra Query Language (CQL) ein, eine Abfragesprache mit SQL-ähnlicher Syntax.

Verwendung

Es bedient bei Facebook hunderte Millionen von Mitgliedern und wird außerdem bei Twitter, Digg und Reddit genutzt.

Konzept

Cassandra ist eine spaltenorientierte NoSQL-Datenbank. Sie kann als Mischung aus Amazon Dynamo und Google BigTable gesehen werden, da es leicht weiterentwickelt die Replikationsmechanismen von Dynamo nutzt, gleichzeitig aber nach außen die Datenstruktur von BigTable anbietet.

Von „http://de.wikipedia.org/wiki/Apache_Cassandra"

Autoscaling

Der Begriff **Autoscaling** oder **Auto Scaling** bezeichnet eine Methode im Cloud Computing-Umfeld, die dafür sorgt, dass die Anzahl der Server innerhalb einer Server-Farm automatisch skaliert wird. Dies bedeutet, dass bei steigender Serverlast die Arbeit von einer größeren Anzahl an Servern erledigt wird. Bei sinkender Serverlast werden überflüssige Server automatisch heruntergefahren.

Begriffsherkunft

Der Begriff wurde stark von Amazon.com geprägt und häufig im Zusammenhang mit dem Produkt Amazon Elastic Compute Cloud (EC2) verwendet.

Einsatzgebiete

Autoscaling wird in Cloud Computing-Umgebungen eingesetzt, in denen die Serverlast zwischen verschiedenen Servern aufgeteilt wird und starke Schwankungen in der Auslastung der Server auftreten. Bei vielen großen Websites wird diese Methode eingesetzt. Bei diesen Websites kommt es häufig vor, dass tagsüber wenig Besucher und abends sehr viele Besucher die Seiten besuchen. Tagsüber ist daher die Auslastung gering und es stehen zu viele Server zur Verfügung. Abends hingegen reicht die Anzahl der Server nicht aus und dadurch entstehen Performanceprobleme. Durch Autoscaling wird automatisch tagsüber bei geringer Besucherzahl die Anzahl der Server reduziert, um abends bei hoher Besucheranzahl so viele Server wie nötig einzusetzen.

Autoscaling wird im Zusammenhang mit Serverlastverteilung eingesetzt.

Vorteile

Im Cloud Computing-Bereich werden gemietete Server pro Stunde bezahlt.

Durch die Reduzierung der Anzahl genutzter Server bei geringer Serverlast werden auch die Kosten reduziert. Gleichzeitig umgeht man Performanceprobleme durch die Nutzung einer höheren Anzahl an Servern in Spitzenzeiten. Des Weiteren werden DDoS-Attacken nahezu unmöglich.

Nachteile

Der erstmalige Aufbau einer solchen Umgebung ist im Regelfall komplizierter.

Quellenangaben

Von „http://de.wikipedia.org/wiki/Autoscaling"

Chromebook

Präsentation des Chromebooks auf der Google I/O Konferenz am 11. Mai 2011

Als **Chromebook** werden mobile Computer – im speziellen Netbooks – bezeichnet, welche als Betriebssystem Google Chrome OS benutzen.

Anders als bei einem klassischen Laptop rückt dabei die Hardware in den Hintergrund, diese soll bei Chromebooks schnell und einfach austauschbar sein – ohne dass der Anwender seine Software oder Daten verliert. Dafür werden alle Daten und Einstellungen eines Chromebook primär im Internet in einer Cloud gespeichert und online zur Verfügung gestellt.

Damit auf einem Chromebook auch ohne permanente Internetverbindung gearbeitet werden kann, hat Google speziell für diese Art von Notebooks besondere „Offline"-Versionen seiner Software (wie z. B. Google Mail) entwickelt.

Die ersten Chromebooks werden voraussichtlich ab dem 15. Juni 2011 in den USA, Großbritannien, Frankreich, Spanien, Italien und Deutschland verfügbar sein.

Für professionelle Anwender, Behörden und Bildungseinrichtungen werden Chromebooks als kombinierte Hardware und Software as a Service direkt von Google vertrieben. Die Geräte sollen für 28 US-Dollar pro Monat und Nutzer an Unternehmen und für 20 US-Dollar an Behörden und Bildungseinrichtungen vermietet werden.

Hard- und Software

Bild eines Chrome-Notebooks Cr-48, experimenteller Vorläufer der Chromebooks

Die ersten Modelle der Chromebooks werden von Samsung und Acer produziert, optional mit 3G-Mobilfunk-Unterstützung. Das Chromebook von Samsung wird mit einem 12,1"-Monitor und einer Auflösung von 1280×800 Bildpunkten ausgeliefert, das Acer-Chromebook mit einem 11,6"-Monitor. Beide Versionen werden eine HD-fähige Webcam integrieren, sodass auch die Videokonferenz-Dienste von Google direkt genutzt werden können.

Daneben sollen für stationäre Anwendungen auch sogenannte *Chromeboxen*, nach dem Vorbild des Nettops, angeboten werden.

Jedes Chromebook hat sowohl ein Trusted Platform Module als auch einen maßgeschneiderten Firmware-Chip. Dieser Chip wird verwendet um beim Bootvorgang zu überprüfen, ob die Read-Write-Firmware von Google signiert wurde.

Vergleich mit herkömmlichen Notebooks

Die Chromebooks sollen niemals länger als acht Sekunden benötigen, bis das Internet genutzt werden kann und die Batterien sollen eine Laufzeit von einem Tag garantieren.

Der größte Unterschied entsteht durch das Betriebssystem Chrome OS. Das System ist auf den Webbrowser Chrome reduziert worden. Jede Anwendung soll als Web-App über Chrome aufgerufen werden. Aus diesem Grund muss keine Software installiert werden. Deshalb ist auch das Aktualisieren auf eine neue Version oder das Installieren von Sicherheitsupdates unnötig.

Da auf den Chromebooks nur Webanwendungen zum Einsatz kommen, können trotz beschränkter Hardware auch aufwendige und rechenintensive Anwendunge wie das Schneiden von Videos durchgeführt werden, sofern dieser Service von einem geeigneten Webdienst angeboten wird. Um diese Onlinebearbeitung zu ermöglichen, müssen die Benutzerdaten, also zum Beispiel das Video, allerdings hochgeladen werden.

Kritik

Datenschützer bemängeln, dass Chromebook-Nutzer nicht nur die Kontrolle über ihre Daten, sondern auch über die Programme verlieren. Bei einem Rückzug einer App und einem Sicherheitsleck seien sofort alle Nutzer betroffen.

Von „http://de.wikipedia.org/wiki/Chromebook"

Cloud Computing

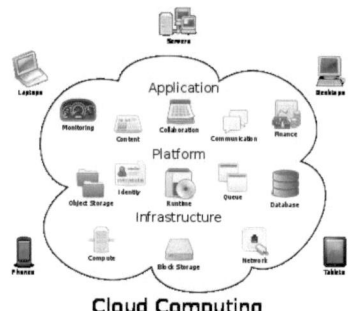

Abstrahierter Wolkenumriss umschließt Namen in Ellipsen von **Cloud Computing**-Diensteanbietern.

Cloud Computing bzw. **Rechnerwolke** umschreibt den Ansatz, abstrahierte IT-Infrastrukturen (z. B. Rechenkapazität, Datenspeicher, Netzwerkkapazitäten oder auch fertige Software) dynamisch an den Bedarf angepasst über ein Netzwerk zur Verfügung zu stellen. Aus Nutzersicht scheint die zur Verfügung gestellte abstrahierte IT-Infrastruktur fern und undurchsichtig, wie in einer „Wolke" verhüllt, zu geschehen.

Vereinfacht kann das Konzept wie folgt beschrieben werden: Ein Teil der IT-Landschaft (in diesem Zusammenhang etwa Hardware wie Rechenzentrum, Datenspeicher sowie Software) wird auf Nutzerseite nicht mehr selbst betrieben oder örtlich bereitgestellt, sondern bei einem oder mehreren Anbietern als Dienst gemietet, der meist geografisch fern angesiedelt ist. Die Anwendungen und Daten befinden sich dann nicht mehr auf dem lokalen Rechner oder im Firmenrechenzentrum, sondern in der (metaphorischen) Wolke (engl. „*cloud*"). Das Gestaltungselement eines abstrahierten Wolkenumrisses wird in Netzwerkdiagrammen häufig zur Darstellung eines nicht näher spezifizierten Teils des Internets verwendet.

Der Zugriff auf die entfernten Systeme erfolgt über ein Netzwerk, beispielsweise das des Internets. Es gibt aber im Kontext von Firmen auch sogenannte „Private Clouds", bei denen die Bereitstellung über ein firmeninternes Intranet erfolgt. Die meisten Anbieter von Cloudlösungen nutzen die Poolingeffekte, die aus der gemeinsamen Nutzung von Ressourcen entstehen, für ihr Geschäftsmodell.

Geschichte des Begriffes

Der Begriff „Cloud Computing" wurde maßgeblich durch einige schnell wachsende Internetfirmen wie Amazon, Google und Yahoo geprägt. Diese Firmen standen aufgrund des schnellen Wachstums ihrer Nutzerbasis vor dem Problem, ständig wachsende Systeme vorhalten zu müssen, die auch zu Spitzenlastzeiten (für Amazon wäre dies z. B. das Weihnachtsgeschäft) ein Vielfaches der Nutzerzahl bedienen zu können, als dies für das sonstige Tagesgeschäft nötig war.

Für Amazon war diese Spitzenlast im Jahre 2006 um den Faktor 10 höher als die Grundlast im Tagesgeschäft. Um diesem Problem zu begegnen, entschied man sich, die Architektur und die Dienste, die man zum Bewältigen der zum Teil stark schwankenden oder auch sehr hohen Nutzerzahlen entworfen und etabliert hatte, zu einem Produkt zu machen, das man nach außen hin anbietet, d.h. dass dieses Problem in Spitzenlastzeiten auf die Nutzer der Cloud verteilt wird.

Für Amazon war dieser Schritt Mitte der 2000er Jahre eine logische Konsequenz, da man intern zu diesem Zeitpunkt schon auf kleine schnell-bewegliche Teams (fast-moving „two-pizza teams") umgeschwenkt hatte, die neue Funktionalitäten auf Basis der bestehenden Cloud-Infrastruktur implementierten. Die Skalierungseffekte der Cloud-Dienste wurden damit zur Basis des Produktes „Cloud Computing" selbst, das man ab da nicht mehr nur intern, sondern auch extern anbot.

Definition

Es existiert eine Reihe von pragmatischen Definitionsansätzen:
- „Cloud Computing" steht für einen Pool aus abstrahierter, hochskalierbarer und verwalteter IT-Infrastruktur, die Kundenanwendungen vorhält und falls erforderlich nach Gebrauch abgerechnet werden kann.
- „Cloud Computing" umfasst On-Demand-Infrastruktur (Rechner, Speicher, Netze) und On-Demand-Software (Betriebssysteme, Anwendungen, Middleware, Management- und Entwicklungs-Tools), die jeweils dynamisch an die Erfordernisse von Geschäftsprozessen angepasst werden. Dazu gehört auch die Fähigkeit, komplette Prozesse zu betreiben und zu managen.
- 2009 veröffentlichte das National Institute for Standards and Technology (NIST) eine Definition, die auf weitgehende Akzeptanz stieß und verschiedene Definitionsansätze bündelt. Sie enthält die drei verschiedenen Servicemodelle:
  - IaaS – *Infrastructure as a Service* – Rechnerwolken bieten Nutzungszugang von virtualisierten Computerhardware Ressourcen, wie Rechnern, Netzwerken und Speicher. Mit IaaS gestalten sich Nutzer frei ihre eigenen virtuellen Computer-Cluster und sind daher für die Auswahl, die Installation, den Betrieb und das Funktionieren ihrer Software selbst verantwortlich.
  - PaaS – *Platform as a Service* – Rechnerwolken bieten Nutzungszugang von Programmierungs- oder Laufzeitumgebungen mit flexiblen, dynamisch anpassbaren Rechen- und Datenkapazitäten. Mit PaaS entwickeln Nutzer ihre eigenen Software-Anwendungen oder lassen diese hier ausführen, innerhalb einer Softwareumgebung, die vom Dienstanbieter (Service Provider) bereitgestellt und unterhalten wird.
  - SaaS – *Software as a Service* – Rechnerwolken bieten Nutzungszugang von Software-Sammlungen und Anwendungsprogrammen. SaaS Diensteanbieter offerieren spezielle Auswahlen von

Software, die auf ihrer Infrastruktur läuft. SaaS wird auch als *Software on demand* (Software bei Bedarf) bezeichnet.

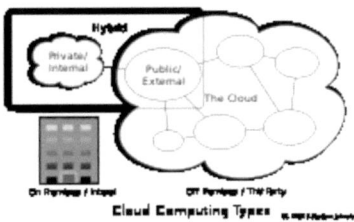

Darstellung von Cloud-Liefermodellen

Zudem enthält die Definition des National Institute for Standards and Technology (NIST) vier Liefermodelle:
- • Public Cloud – die öffentliche Rechnerwolke – bietet Zugang zu abstrahierten IT-Infrastrukturen für die breite Öffentlichkeit über das Internet. Public Cloud Diensteanbieter erlauben ihren Kunden IT-Infrastruktur zu mieten auf einer flexiblen Basis des Bezahlens für den tatsächlichen Nutzungsgrad bzw. Verbrauch (pay-as-you-go), ohne Kapital in Rechner- und Datenzentrumsinfrastruktur investieren zu müssen.
- Private Cloud – die private Rechnerwolke – bietet Zugang zu abstrahierten IT-Infrastrukturen innerhalb der eigenen Organisation (Behörde, Firma, Start-Up, Verein), z. B. Ubuntu One.
- Hybrid Cloud – die hybride Rechnerwolke – bietet kombinierten Zugang zu abstrahierter IT-Infrastrukturen aus den Bereichen von Public Clouds und Private Clouds, nach den Bedürfnissen ihrer Nutzer.
- Community Cloud – die gemeinschaftliche Rechnerwolke – bietet Zugang zu abstrahierten IT-Infrastrukturen wie bei der Public Cloud – jedoch für einen kleineren Nutzerkreis, der sich, meist örtlich verteilt, die Kosten teilt (z. B. mehrere städtische Behörden, Universitäten, Betriebe/Firmen mit ähnlichen Interessen, Forschungsgemeinschaften).

… und listet fünf essenzielle Charakteristika für Cloud Computing:
- • Selbstzuweisung von Leistungen aus der Cloud durch den oder die Nutzer, welche bei Bedarf bereitstehen soll (Self-service provisioning / As-needed availability).
- Skalierbarkeit bietet die Entkopplung von Nutzungsschwankungen und Infrastrukturbeschränkungen (Scalability).
- Zuverlässigkeit und Fehlertoleranz garantiert permanent definierte Qualitätsstandards der IT-Infrastruktur für den Nutzer (Reliability and fault-tolerance).
- Optimierung und Konsolidierung bietet Effizienz und Ökonomie in Anpassung an fortlaufende Umweltschutzstandards, die sukzessive vom Cloud-Diensteanbieter optimiert werden können (Optimization/Consolidation).
- Qualitätssicherung und -kontrolle kann fortlaufend durch den Diensteanbieter überwacht und sicher gestellt werden, ohne dass die Nutzer belastet werden müssten (QoS - Quality of Service).

Demzufolge geht „Cloud Computing" über andere gegenwärtig diskutierte Ansätze („Organic Computing") (Virtualisierung) hinaus. Unter der Bedingung einer öffentlichen Verfügbarkeit, ähnlich beispielsweise dem öffentlichen Telefonnetz, kann man „Cloud Computing" je nach Architektur auch als Summe von SaaS und „Utility Computing" ansehen.

Architektur

Da Clouds primär durch den Skalierungsgedanken entstanden sind, finden sich dort auch die stärksten Unterscheidungsmerkmale.

Um sich der Architektur zu nähern, kann man sich einen einfachen Rechner vorstellen. Er hat Prozessorkerne, Arbeitsspeicher, eine Festplatte und Programme. Diese Komponenten finden sich auch in einer Cloud, nur in einer Form, die massive Skalierung ermöglicht.

Demzufolge lesen sich die Kenndaten einer „Cloud-Festplatte" dann auch anders, als die einer klassischen Festplatte im Computer. Amazon spricht für seine Persistenzschicht (S3) von: „Die Anzahl der speicherbaren Objekte ist unbegrenzt." Google hat seine Persistenzschicht (GFS) auf ca ~15.000 einzelnen Rechnern verteilt (Stand 2009).

Für die anderen Komponenten wie Programme oder Prozessorkerne gelten ähnliche große Maße. Warum dies so ist, erklärt sich allein durch die Zahlen. Im Jahre 2008 gibt Google bekannt, 10 Milliarden Dokumente, die über 1000 physische Computer verteilt sind, innerhalb von 68 Sekunden sortieren zu können.

"We are excited to announce we were able to sort 1TB (stored on the Google File System as 10 billion 100-byte records in uncompressed text files) on 1,000 computers in 68 seconds."

„Mit Begeisterung geben wir bekannt: wir konnten 1TB (gespeichert im Google File System in 10 Milliarden Dokumenten mit je 100 Bytes Datensatzgröße in unkomprimierten Textdateien), verteilt auf 1000 Computer, innerhalb von 68 Sekunden sortieren."

Technische Arten von Cloud Computing

Es gibt unterschiedliche Arten von Cloud Computing, eine mögliche Gliederung ist der sogenannte technische Cloud-Stack, mit drei Schichten, in der obere Schichten auf den unteren Schichten aufbauen können, es aber nicht müssen:

Cloud Computing Architektur

- Infrastruktur
- Plattform
- Anwendung

Jede Schicht stellt hier einen Grad an Abstraktion dar. Auf diese Art können auch die unterschiedlichen Typen von „Clouds" klassifiziert werden.

Infrastruktur (IaaS)

Dieses Modell wird als Infrastructure-as-a-Service (IaaS) bezeichnet.

Die Infrastruktur oder „Cloud Foundation" stellt die unterste Schicht im „Cloud Computing" dar. Der Benutzer greift hier auf bestehende Dienste innerhalb des Systems zu, verwaltet seine Recheninstanzen (siehe virtueller Server) allerdings weitestgehend selbst. Dienste innerhalb des IaaS-Konzeptes sind typischerweise verteilte Persistenz (siehe Amazons Simple Storage Service) und ein Nachrichtendienst (siehe Message Oriented Middleware). Sind die Cloud-Dienste selbst noch hochskalierend ausgelegt, trifft dies nicht zwingend auf die Programme zu, die auf den vom Benutzer eingebrachte Recheninstanzen laufen.

Der Vorteil gegenüber und die Unterscheidung zu traditionellen Datencentern ist die Skalierbarkeit: Die Recheninstanzen können je nach Anforderungen beliebig um weitere Instanzen erweitert oder verkleinert werden. Der Benutzer hat dabei vollen Zugriff auf die Instanzen mit der Eigenschaft, dass er für die Instanzen ab der Betriebssystemebene selbst verantwortlich ist.

Beispiele hierfür sind GoGrid und Linode.

Plattform (PaaS)

Dieses Modell wird als Platform-as-a-Service (PaaS) bezeichnet.

Hier steht die Anwendung im Vordergrund. Der Entwickler erstellt die Anwendung und lädt diese in die Cloud. Diese kümmert sich dann selbst um die Aufteilung auf die eigentlichen Verarbeitungseinheiten. Im Unterschied zu IaaS hat der Benutzer hier keinen direkten Zugriff auf die Recheninstanzen. Er betreibt auch keine virtuelle Server. Im PaaS-Szenario bringt er ausschließlich seine Programmlogik in die Cloud ein, die ihm gegenüber als Programmierschnittstelle auftritt.

Die Infrastruktur der Cloud selbst kümmert sich hierbei um die erforderliche Instanziierung der Verarbeitungseinheiten und das Verteilen der zu verarbeitenden Daten.

Als Beispiel können hier die Produkte Windows Azure von Microsoft, „App Engine" von Google oder „force.com" von Salesforce.com der Plattform-Schicht zugeordnet werden.

Dadurch, dass der Benutzer hier nur seine Applikationslogik liefert, kann die Cloud die Anzahl der tatsächlich arbeitenden Instanzen nach belieben erhöhen oder reduzieren. Die Abstraktion von jeglicher technischen Komponente ist hierbei explizit gewünscht, da der Benutzer der Cloud in erster Linie Daten verarbeiten, nicht aber das System administrieren möchte.

Anwendung (SaaS)

Dieses Modell wird als Software-as-a-Service (SaaS) bezeichnet.

Die Anwendungssicht stellt die abstrakteste Sicht auf Cloud-Dienste dar. Hierbei bringt der Benutzer seine Applikation nicht in die Cloud ein, noch muss er sich um Skalierbarkeit oder Datenhaltung kümmern. Er nutzt hierbei eine bestehende Applikation, die ihm die Cloud nach außen hin anbietet. Dieser Anwendungsfall inkludiert die beiden darunterliegenden Ebenen, da die Cloud-Funktionalitäten wie hochskalierender, verteilter Speicher, ausfallsichere Infrastruktur und üblicherweise ein hochskalierendes Queuingsystem zwar die Grundlage der benutzten Anwendung sind, der Nutzer des SaaS-Dienstes damit allerdings nicht in Kontakt kommt.

Eine „Cloud-Anwendung" im SaaS-Modell berücksichtigt typischerweise die folgenden Aspekte:
- Das Design soll modular und serviceorientiert sein. (Aufsetzbarkeit auf dem PaaS-Szenario)
- Die Last ist nicht vorhersehbar, denn über Nutzungsintensität und Nutzerzahl einer Anwendung kann oft keine zuverlässige Aussage gemacht werden.
- Die Anwendung soll dynamisch, verteilt und mandantenfähig sein.

Bekannte Beispiele für eine Cloud-Anwendung sind Google Docs, Microsoft Skydrive Office Web Apps und Exchange Online, Sharepoint Online, Livemeeting, Office Communications Online.

Organisatorische Arten von Clouds

Man kann neben dem technischen Cloudstack auch zwischen verschiedenen Organisationsformen von „Clouds" unterscheiden, die je nach Anwendungsfall ihre Berechtigung haben:

Private Cloud

Bei „Private Clouds" steht im Vordergrund, dass sich sowohl Anbieter als auch Nutzer im selben Unternehmen befinden, wodurch beispielsweise sämtliche Probleme aus dem Bereich Datensicherheit mehr oder minder hinfällig werden. Man unterscheidet dabei folgende Evolutionsstufen:

Exploratory Cloud

Hier steht das Ausprobieren von Cloudfunktionalität innerhalb eines Unternehmens im Vordergrund. Dabei geht es insbesondere darum, Potential und Nachteile für konkrete Anwendungen herauszufinden.

Departmental Cloud

Hierbei handelt es sich um eine Cloud, die sich innerhalb eines Unternehmens auch lediglich innerhalb einer Abteilung befindet. Dies bedeutet insbesondere, dass Anbieter und Nutzer innerhalb der gleichen Abteilung zu finden sind. Diese Cloudart dient nicht mehr nur Testzwecken.

Enterprise Cloud

Im Gegensatz zur „Departmental Cloud" stammen hier Anbieter und Nutzer aus unterschiedlichen Unternehmensabteilungen.

Public Cloud

Eine „Public Cloud" ist eine „Cloud", die öffentlich ist, d. h. von beliebigen Personen und Unternehmen genutzt werden kann und nicht mehr auf interne Anwendungen einer einzelnen Institution/eines Unternehmens beschränkt ist. Hierbei greifen dann auch vor allem Probleme, die mit Datensicherheit zu tun haben und jeder Akteur muss sich selbst überlegen, wie viele und welche Daten er außerhalb seiner unmittelbaren Kontrolle halten möchte. Auch hier gibt es Unterformen:

Exclusive Cloud

„Exclusive Clouds" setzen voraus, dass sich sowohl Anbieter als auch Nutzer kennen. Sie handeln feste Konditionen aus und schließen einen Vertrag darüber ab. Es gibt keine Unbekannten.

Open Cloud

Bei „Open Clouds" kennen sich Anbieter und Nutzer vorher *nicht*. Dies hat zur Folge, dass der Anbieter sein Angebot ohne direkten Input vom Kunden entwickeln und in Form von SLAs festschreiben muss. Auf Grund der Vielzahl an potentiellen Nutzern müssen auch der gesamte Geschäftsabschluss sowie die Nutzung von Instanzen anbieterseitig vollautomatisch ablaufen. Als Beispiel hierfür wären die Amazon Web Services zu nennen oder auch das Marktplatzmodell von Zimory.

Hybrid Cloud

Ein Unternehmen betreibt eine eigene „Private Cloud" und nutzt zusätzlich als Failoverstrategie oder für Belastungsspitzen eine „Public Cloud".

Vorteile und Probleme

Ebenso wie die Virtualisierung ermöglicht „Cloud Computing" Kostenvorteile gegenüber konventionellen Systemen. Dies ist der Fall, wenn sich beispielsweise die Bezahlung nach der Dauer der Nutzung des Dienstes richtet und der Dienst nur gelegentlich genutzt wird. Lokale Ressourcen (Software und Hardware) lassen sich einsparen. Zunehmend wird diese Ressourceneffizienz auch in Verbindung mit der nachhaltigen Nutzung von IKT-Systemen gebracht, wobei entsprechende Überlegungen keineswegs neu sind. Ein häufig zitiertes Beispiel ist die Realisierung von E-Mail-Systemen auf Basis von „Cloud Computing", denn hier nimmt die Komplexität der Anwendung durch Maßnahmen zur Unterbindung von Kompromittierungsversuchen kontinuierlich zu, so dass kleinere Unternehmen von einer Auslagerung profitieren können. Vorteile ergeben sich auch im Fall von stark schwankender Nachfrage: Normalerweise müsste man genug Kapazität vorhalten, um die Belastungsspitzen bedienen zu können. Bei Nutzung von „Cloud Computing" lässt sich die genutzte Kapazität variabel an den tatsächlichen Bedarf kurzfristig anpassen.

Das Grundproblem, nämlich die Absicherung des Zugriffs auf die Anwendungsdaten beim Transfer zwischen lokalem Client und entferntem Server, konnte bis heute nicht befriedigend gelöst werden. Es existieren allerdings zahlreiche Entwicklungen im Bereich der Datensicherheit, wie beispielsweise SSL/TLS-Verschlüsselung. Eine Übersicht über die Probleme der Datensicherheit und des Datenschutzes im Rahmen des Public Cloud Computing mit dem Stand der Technik vom Januar 2011 geben Jansen und Grance vom NIST.

Kritiker befürchten, dass die Kontrolle der privaten Daten von Benutzern durch die marktdominanten Anbieter, wie etwa Google, hierdurch überhandnehme. Allerdings gibt es mittlerweile Algorithmen, die Berechnungen so auf einzelne Instanzen aufteilen können, dass es selbst allen Instanzen gemeinsam nicht möglich ist, Rückschlüsse auf die verarbeiteten Daten zu ziehen. Dies ist lediglich der ausführenden Instanz möglich, da nur sie den genauen Algorithmus kennt, mit dem die Teilergebnisse wieder zusammengeführt werden. Der kommerziellen Nutzung solcher Verfahren stehen heute allerdings noch Performanceprobleme im Weg. Ein weiterer Ansatz, der sich zur Behebung dieses Problems eignet, ist die Anwendung einer voll homomorphen Verschlüsselung. Dabei wird innerhalb der Cloud ausschließlich auf verschlüsselten Daten gerechnet, die im privaten Bereich dann wieder entschlüsselt werden können. Die Herausforderung liegt hier jedoch momentan darin, eine solche Verschlüsselung zu finden, die noch dazu performant genug ist für einen massiven, großflächigen Einsatz, wie er in der Cloud nötig wäre. Eine weitere Herausforderung in der Cloud ist die Abhängigkeit (Lock-in-Effekt) vom jeweiligen Cloud-Anbieter, da die angebotenen Schnittstellen meist sehr herstellerspezifisch sind.

Abgrenzung zu anderen Technologien

Bei „Grid Computing" geht es um die gemeinschaftliche Nutzung der gemeinsamen Ressourcen und es gibt keine zentrale Steuerung. Im Fall von „Cloud Computing" hat man einen Anbieter der Ressourcen und einen Nutzer. Die Steuerung der Ressourcen erfolgt ebenfalls zentral.

Rechtliche Fragen (basierend auf der rechtlichen Lage in Deutschland)

Bei der rechtlichen Betrachtung muss grundsätzlich zwischen der Beziehung zwischen Endkunde und Cloud-Anbieter und den rechtlichen Beziehungen innerhalb der „Clouds" unterschieden werden. Diese Beziehungen müssen grundsätzlich vertraglich geregelt werden.

Bei den Cloud-spezifischen Leistungen werden in der Regel Web- oder Filespace, Datenbanken, Applikationen und Hostingservices zur Verfügung gestellt. Beim Webhosting (ggf. auch für das Storage-Management), bei dem Daten auf den Host des Hosting-Providers gespeichert werden, wird vertreten, dass es sich hierbei nicht um einen Mietvertrag nach §§ 535 ff. BGB handelt, sondern um einen Werkvertrag nach §§ 631 ff. BGB. Der Hosting-Provider schuldet als Leistung lediglich, dass die Website des Kunden bei ihm irgendwo gespeichert wird und dass sie im Internet aufgerufen werden kann. Eigentliche Leistung ist daher die Aufbewahrung der Information und ihr Zurverfügunghalten für den Abruf im Internet. Für den Kunden ist vor allem wichtig, dass die Inhalte dauernd abrufbar sind. Wie der Hosting-Provider oder Cloudanbieter diese Leistung erbringt, ist dem Kunden gleichgültig. Damit wird nicht primär Speicherplatz überlassen, sondern primär ein Erfolg, nämlich die Abrufbarkeit im Internet geschuldet. Das Einspeichern der Website ist nur technische Voraussetzung des geschuldeten Erfolgs.

Bei der zur Verfügungstellung von Applikationen wird in der Regel ein Software-as-a-Service (SaaS) oder „Application Service Providing"-Modell (ASP) gewählt. Hierbei wird vom ASP-Anbieter einem Kunden die temporäre Nutzung von Applikationen zur Verfügung gestellt. Der BGH hat entschieden, dass auf Application-Service-Providing-Verträge grundsätzlich die mietrechtlichen Vorschriften Anwendung finden. Auch wenn diese Entscheidung sicherlich bedeutsam gewesen ist, bedarf es doch einer erheblichen vertraglichen Gestaltung, insbesondere bei der Gestaltung der Service-Levels, da hier die mietrechtlichen Regelungen des §§ 535 ff. BGB allein nicht ausreichend sein dürften.

Die Einordnung von Hosting-Verträgen für Datenbanken in die vertragstypologische Einordnung des BGB richtet sich nach der vertraglich geschuldeten Leistung. Hierbei ist grundsätzlich zu unterscheiden, ob wie weiter oben beschrieben Filespace zur Speicherung der Datenbank vom Provider zur Verfügung gestellt wird (sogenanntes Datenbank-Hosting) oder eine Applikation wie eine Oracle-Datenbank zur (zeitweiligen Nutzung) zur Verfügung gestellt wird. Schuldet der Cloud-IT-Anbieter über die Hosting-Leistung hinaus Leistungen, wie z. B. bei der Gestaltung der Datenbanken, sind ggf. die Regelungen von § 87 a–e UrhG zu berücksichtigen.

In der Praxis soll es zuweilen durch die Virtualisierung von Serverfarmen bei Cloudanbietern vorkommen, dass ein Cloudanbieter nicht weiß, auf welchem Server in welchem Land gerade eine ganz bestimmte Datei eines Kunden liegt. Dies stellt sich aus der Sicht des Datenschutzrechts als problematisch dar, insbesondere wenn unklar ist, welche Drittunternehmen Zugriff auf die Daten haben oder Daten in Staaten außerhalb der EU verarbeitet werden.

Abgesehen von diesen Fragen bietet das deutsche BDSG für die weiteren Fragen jeweils entsprechende Lösungen. Für die Auftragsdatenverarbeitung greifen die im § 11 BDGS in Verbindung mit § 9 BDSG und Anlage 1 zum BDGS geforderten organisatorischen und technischen Maßnahmen. Für eine Übertragung personenbezogener Daten ins Ausland greift der Grundsatz des angemessen Datenschutzniveaus des Empfängerlandes und der damit verbundenen Regelungen nach § 4 b–c BDSG.

In einer Stellungnahme hat jüngst die Datenschutzaufsichtsbehörde von Schleswig-Holstein zu den datenschutzrechtlichen Fragen bei Cloud Computing Position bezogen.

Von „http://de.wikipedia.org/wiki/Cloud_Computing"

Cloud Gaming

Unter **Cloud Gaming** (deutsch etwa: *Spielen in den Wolken*) versteht man Spielen von Computerspielen über das Internet. Das Spiel läuft extern auf Servern und es werden nur die Nutzereingaben an den Server und im Gegenzug noch Ton und Video zum Client gesendet. Es handelt sich dabei um eine Form von Cloud Computing.

Funktion

Bei Cloud Gaming muss keine Installation des Spiels vorgenommen werden, die Audio- und Videodateien werden zuerst komprimiert und dann per Internet direkt vom Server an den Client gesendet. Dort werden sie mit speziellen Videocodec wieder zusammengefügt. Zum Server müssen lediglich noch die Befehle von der Maus, Tastatur, etc. übertragen werden. Die meiste Belastung muss der Server und das Netz verkraften. Eine große Herausforderung ist es, sehr große Datenströme mit möglich geringer Laufzeit zu übertragen.

Verzögerung

Wie groß die Verzögerung sein darf, um das Spielerlebnis nicht zu beeinträchtigen, hängt vom jeweiligen Genre ab. Am Fraunhofer Heinrich-Hertz-Institut peilen die Entwickler für Cloud-basierte Umsetzungen bei Ego-Shootern und anderen First-Person-Spielen Verzögerungen unter 0,1 Sekunden an. Bei der Third-Person-Perspektive von Sportspielen ist eine halbe Sekunde erträglich und bei Strategie und anderen omnipräsente Spiele sogar ein bis zwei Sekunden.

Anbieter

- OnLive

Von „http://de.wikipedia.org/wiki/Cloud_Gaming"

Crowdsourcing

Crowdsourcing bzw. **Schwarmauslagerung** bezeichnet im Gegensatz zum Outsourcing nicht die Auslagerung von Unternehmensaufgaben und -strukturen an Drittunternehmen, sondern die Auslagerung auf die Intelligenz und die Arbeitskraft einer Masse von Freizeitarbeitern im Internet. Eine Schar kostenloser oder gering bezahlter Amateure generiert Inhalte, löst diverse Aufgaben und Probleme oder ist an Forschungs- und Entwicklungsprojekten beteiligt (vgl. Schwarmintelligenz). Crowdsourcing ist damit ein Prinzip der Arbeitsteilung, die mit ihren positiven Spezialisierungseffekten zu den Grundprinzipien des Wirtschaftens zählt. Die Besonderheit des Crowdsourcing liegt in der Erweiterung der bisherigen Arbeitsteilungsmodelle um den Faktor Motivation.

Begriff

Crowdsourcing ist ein 2006 von Jeff Howe und Mark Robinson (Wired Magazine) geprägter Neologismus. Definition nach Nicole Martin, Stefan Lessmann und Stefan Voß: "Crowdsourcing ist eine interaktive Form der Leistungserbringung, die kollaborativ oder wettbewerbsorientiert organisiert ist und eine große Anzahl extrinsisch oder intrinsisch motivierter Akteure unterschiedlichen Wissensstands unter Verwendung moderner IuK-Systeme auf Basis des Web 2.0 einbezieht. Leistungsobjekt sind Produkte oder Dienstleistungen unterschiedlichen Innovationsgrades, welche durch das Netzwerk der Partizipierenden reaktiv aufgrund externer Anstöße oder proaktiv durch selbsttätiges Identifizieren von Bedarfslücken bzw. Opportunitäten entwickelt werden."

Zudem bezeichnet der Begriff Crowdsourcing auch das Insourcing von Ideen. Eine besondere Form des Crowdsourcing ist das Crowdfunding, bei dem aus Unternehmenssicht nicht auf die Ideen oder die Arbeitsleistung der Masse der Internetuser abgezielt wird, sondern diese als Kapitalgeber gewonnen werden sollen.

Eine erste sozialwissenschaftliche Annäherung an das junge Phänomen erarbeitet Christian Papsdorf mit folgender Definition: "Crowdsourcing ist die Strategie des Auslagerns einer üblicherweise von Erwerbstätigen entgeltlich erbrachten Leistung durch eine Organisation oder Privatperson mittels eines offenen Aufrufes an eine Masse von unbekannten Akteuren, bei dem der Crowdsourcer und/oder die Crowdsourcees frei verwertbare und direkte wirtschaftliche Vorteile erlangen." Diese detaillierte Definition zielt darauf ab, ähnliche Phänomene wie Open Source, Mass Customization oder die These des Arbeitenden Kunden deutlich von Crowdsourcing zu unterscheiden.

Crowdsourcing kann auch als Form des elektronischen Handels stattfinden und wird in diesem Zusammenhang als Social Commerce bezeichnet. Dabei werden Kunden eines Anbieters zu „persönlichen Filtern anderer Kunden" und helfen diesen, das bestmögliche Angebot zu finden.

Zudem wird Crowdsourcing als Chance zum Ausgleich des globalen Wohlstandgefälles diskutiert.

Überbetrieblicher Leistungsaustausch mit Hilfe des Internets

Durch die Globalisierung sind Firmen gezwungen, neue Wege zu finden, um den Erfolg zu garantieren. Eine Möglichkeit bietet das *Crowdsourcing*, wobei externe Partner in firmeninterne Prozesse eingebunden werden. Eine wichtige Voraussetzung dafür stellt das Internet dar, mit dessen Hilfe räumlich voneinander getrennte Personen zusammenarbeiten können, wobei eine kollektive Interaktion entstehen kann. Crowdsourcing ist eine Art offener Aufruf auf einer bestimmten Plattform, der zur Mitarbeit anregt. Dieser richtet sich an eine undefinierte Gruppe von Individuen, die sich an Webdienst-Technologien bedienen, um selbstständig Dienstleistungen oder Produkte zu erarbeiten.

Voraussetzung

Um *Crowdsourcing* zu ermöglichen, ist das Web 2.0 nötig. Das Internet stellt die Basis der interaktiven Zusammenarbeit einer geographisch verteilten Gruppe von Menschen dar, die an einem gemeinsamen Projekt arbeiten.

Ähnliche Konzepte

Interaktive Wertschöpfung

Crowdsourcing und Interaktive Wertschöpfung stehen sich prinzipiell sehr nahe, dürfen aber nicht miteinander verwechselt werden, da sich die interaktive Wertschöpfung eher auf die Unternehmerseite bezieht und selbstorganisierte Zusammenschlüsse vernachlässigt, die jedoch elementar sind für das *Crowdsourcing*. Interaktive Wertschöpfung hat ihren Ursprung häufig in der Unzufriedenheit der Verbraucher und beschäftigt sich damit eine bessere Lösung zu entwickeln.

Open Innovation

Open Innovation betont den offenen Innovationsprozess, der auch für das *Crowdsourcing* zentral ist. Das bedeutet, dass externe Mitarbeiter in einen internen Wertschöpfungsprozess verwickelt sind. Wie beim *Crowdsourcing* geht es auch bei Open Innovation darum, die Unternehmensgrenzen zu erweitern. Der Unterschied zum *Crowdsourcing* besteht darin, dass hierbei nicht ausschließlich Innovationen hergestellt werden sollen.

Open Source

Open Source bezieht sich auf Softwares, die ohne Beschränkung genutzt und weiterentwickelt werden darf. Hier sind, ähnlich dem *Crowdsourcing*, auch fern voneinander lebende Menschen in einen Entwicklungsprozess integriert, die über das Web 2.0 arbeiten. Open Source stellt also eine Form von *Crowdsourcing* dar.

Literatur

- Larissa Hammon, Stefan Hampel, Hajo Hippner (2010) *Crowdsourcing*. In: WISU, Nr. 5, 2010, S. 698-704.
- Chresbrough, H.W.: *Open Innovation: The New Imperative for Creating and Profiting from Technology*. Harvard Business School Press, Boston, 2003.
- Howe, J.: *The Rise of Crowdsourcing*. Wired Magazine, , 2006.
- Reichwald, R.; Piller, F.: *Open Innovation: Kunden als Partner im Innovationsprozess*. , 2005.
- Reichwald, R.; Piller, F.: *Interaktive Wertschöpfung*. Gabler Verlag, Wiesbaden, 2006.
- Surowieki, J.: *Die Weisheit der Vielen*. 2. Auflage, Bertelsmann, München, 2004.
- Russ, C.: *Online Crowds: Massenphänomene und kollektives Verhalten im Internet*. VWH Verlag für Medientechnik und –wirtschaft, Boizenburg, 2010.
- Paul Drews (2009) *Veränderungen in der Arbeitsteilung und Gewinnverteilung durch Open Innovation und Crowdsourcing*. In: Meißner, K. und Engelien, M. (Hrsg.) GeNeMe 2009 - Virtuelle Organisationen und Neue Medien. TUDpress, Dresden, S. 259-270.
- Winfried Ebner, Jan Marco Leimeister, Helmut Krcmar (2009) *Community Engineering for Innovations - The Ideas Competition as a method to nurture a Virtual Community for Innovations*. In: R&D Management, 39 (4), S. 342-356 DOI: 10.1111/j.1467-9310.2009.00564.x
- Oliver Gassmann (Hrsg., 2010): *Crowdsourcing, Innovationsmanagement mit Schwarmintelligenz*. Hanser: München, Wien, 208 S.
- Jeff Howe (2008) *Crowdsourcing. Why the Power of the Crowd is Dri-*

ving the Future of Business. New York: Crown Business Publishing
- Christian Papsdorf (2009) *Wie Surfen zu Arbeit wird. Crowdsourcing im Web 2.0*. Frankfurt a.M./ New York: Campus
- Jan Marco Leimeister, Michael Huber, Ulrich Bretschneider, Helmut Krcmar (2009) *Leveraging Crowdsourcing: Activation-Supporting Components for IT-Based Ideas Competition*. In: Journal of Management Information Systems (2009), Volume: 26, Issue: 1, S. 197-224, ISSN: 07421222, DOI: 10.2753/MIS0742-1222260108
- Sobczak, Stefan; Groß, Prof. Dr. Mathias (2010): Crowdsourcing. Grundlagen und Bedeutung für das E-Business. Boizenburg: Verlag Werner Hülsbusch.

Von „http://de.wikipedia.org/wiki/Crowdsourcing"

Dropbox

Dropbox ist ein Webdienst, der ein Netzwerk-Dateisystem für die Synchronisation von Dateien zwischen verschiedenen Rechnern und Benutzern bereitstellt und damit gleichzeitig eine Online-Datensicherung ermöglicht. Zum Zugriff gibt es Programme für die Betriebssysteme Mac OS X, iOS, Linux, Android, Blackberry, Symbian und Microsoft Windows. Auch der Zugriff per Webbrowser ist möglich.

Funktionsweise

Durch die Installation des Dropbox-Clients wird auf dem Rechner ein neuer Ordner erstellt: die *Dropbox*. Alle darin gespeicherten Dateien werden auf einen zentralen Server kopiert. Bei Änderungen innerhalb einer Datei werden nur die geänderten Bereiche übertragen. Als zentrales Speichersystem wird hierbei S3 von Amazon verwendet. Serverseitig werden die Dateien mit einer AES256-Verschlüsselung versehen. Die Nutzer können für diese Verschlüsselung keine eigenen Schlüssel anlegen. Es besteht aber die Möglichkeit, beispielsweise mit TrueCrypt verschlüsselte Dateien über den Dropbox-Dienst zu synchronisieren.

Die Dropbox-Ordner aller an einem Account angemeldeten Rechner werden automatisch miteinander abgeglichen, wobei die beteiligten Rechner nicht gleichzeitig online sein müssen. Zusätzlich werden von bearbeiteten Dateien sämtliche Versionen abgelegt, auf die man über das Webinterface zugreifen kann – auch für gelöschte Dateien. Um Speicherplatz zu sparen, nutzt Dropbox die Deduplizierung zwischen verschiedenen Benutzerkonten. Dadurch werden von mehreren Benutzern hochgeladene, identische Dateien nur einmalig gespeichert.

Seit der Version 0.7 synchronisiert Dropbox Dateien direkt im lokalen Netzwerk: *LAN sync* ermöglicht so eine deutlich schnellere Synchronisation der Daten von Rechnern, die bereits lokal miteinander verbunden sind, da der Umweg über die Dropbox-Server ausbleibt.

Weiter besteht die Möglichkeit, einzelne Ordner anderen Dropbox-Benutzern freizugeben, so dass mehrere Benutzer Dateien miteinander austauschen können oder an gemeinsamen Projekten arbeiten können. Sollten mehrere Personen gleichzeitig an einer Datei arbeiten, wird dies als Konflikt erkannt und die konkurrierenden Versionen als getrennte Dateien abgelegt. Durch das Teilen von Ordnern mit anderen Benutzern kann sich der nutzbare Speicherplatz reduzieren, da die geteilte Datenmenge jedem Benutzer in voller Höhe von der möglichen Menge seines Speicherplatzes abgezogen wird.

Dropbox bietet über zwei vordefinierte Ordner *Photos* und *Public* die Möglichkeit, Dateien auch mit Personen zu teilen, die Dropbox nicht nutzen. Im Falle des ersten Ordners werden automatisch Fotogalerien über die Verzeichnisstruktur erstellt, die anschließend über eine automatisch zugewiesene Webadresse öffentlich im Internet zu finden sind. Im Ordner *Public* werden die darin befindlichen Dateien direkt referenziert, sodass man die Funktion ähnlich wie einen Filehoster nutzen kann.

Es stehen verschiedene Speichergrößen zur Verfügung, von 2 GB (kostenfrei) bis 100 GB. Der kostenfreie Speicher kann durch Werbung von Neumitgliedern und weiteren, teilweise zeitlich begrenzten Aktionen, auf über 20 GB erhöht werden.

Wie bei anderen Anbietern üblich, behält sich Dropbox vor, Daten von inaktiven kostenlosen *Free accounts* nach 90 Tagen kommentarlos von den Servern zu nehmen. Allerdings bleiben die Daten auf den lokalen Computern und Geräten als Kopie im Dropbox-Ordner erhalten.

Geschichte

Die Idee zu Dropbox entstand im November 2006, als Drew Houston in Boston seinen USB-Stick zu Hause vergessen hatte und so nicht an wichtige Daten kam. Zusammen mit Arash Ferdowsi wurden die beiden durch Y Combinator gefördert und entwickelten ihre Idee weiter. 2007 erhielt Dropbox Risikokapital in Höhe von 1,2 Millionen US-Dollar durch Sequoia Capital. 2008 wurde Dropbox ausgewählt, um sich auf der TechCrunch50, einer Start-Up-Messe, präsentieren zu können.

Zusammenarbeit mit anderen Anwendungen

Über eine Programmierschnittstelle (API), die Entwicklern von Drittsoftware zur Verfügung gestellt wird, können auch andere Applikationen auf Dropbox zugreifen.

Kritik

- Dropbox wurde dafür kritisiert, dass es nicht möglich ist, einen eigenen privaten Schlüssel zu wählen. Dies gefährdet die Sicherheit der eigenen Dateien; eine Gefahr, die durch das automatische Anmelden vom Client erhöht wird.
- Ordner außerhalb des festgelegten Dropbox-Verzeichnisses können bisher nur durch symbolische Ver-

knüpfungen synchronisiert werden, was auf der Seite des Betreibers beschrieben wird.
- Der Dropbox-Client nutzt zur Authentifizierung lediglich die in der primären Datenbank gespeicherte *host_id*, die einem System nach der Installation und der ersten Autorisierung zugewiesen wird. Bis zur Version 1.1.x kann daher mit einer Kopie der Datenbank unerkannt und mit allen Rechten auf die jeweilige Dropbox zugegriffen werden.
- Die Dateien innerhalb der Dropbox sind zwar AES-256-verschlüsselt; da der Schlüssel jedoch auf den zentralen Servern hinterlegt ist, besteht die Möglichkeit, dass diese von anderen damit wieder entschlüsselt werden können.
- Während eines Softwareupdates auf den Dropboxservern war es am 21. Juni 2011 vier Stunden lang möglich, sich bei dem Dienst mit einem beliebigen Passwort anzumelden. Es wird empfohlen, „die Daten in irgendeiner Form selbst zu verschlüsseln".
- Eine nachlässige Einstellung im Android-Client bis Version 1.1.3 ermöglicht es anderen Apps Daten (ohne Rückfrage beim User) hochzuladen.

Von „http://de.wikipedia.org/wiki/Dropbox"

Egoditor

Egoditor ist ein SaaS-Angebot (Software as a Service), mit dem der Nutzer selbst Webseiten erstellen kann. Das System lässt sich sowohl für Unternehmen, Vereine als auch private Zwecke einsetzen. Zu den Konkurrenten von Egoditor gehören unter anderem Jimdo, Webnode und Squarespace.

Dienst

Die Dienstleistung umfasst ein Content Management System, mit dem Inhalte erstellt und organisiert werden können. Darüber hinaus kann der Nutzer anhand eines Web-Editors die Seite auch gestalten, beispielsweise mittels Vorlagen, Bildern und Farben. Dabei gibt es unterschiedliche Versionen, zwischen denen der Nutzer wählen kann: In der kostenlosen Variante kann er eine Homepage erstellen, des Weiteren gibt es auch kostenpflichtige Varianten, die das Aufschalten einer eigenen Domain erlauben und beispielsweise mehr Speicher umfassen.

Historie

Das Unternehmen wurde im April 2009 durch Nils Drescher und Nils Engelking gegründet. Zuerst spezialisierte sich Egoditor auf ein System für Online-Magazine, das vor allem für den Einsatz bei kleinen und mittelständischen Verlagen bestimmt war. 2010 erweiterte das Unternehmen das Produktspektrum, so dass Egoditor nun für Webseiten für jegliche Zwecke eingesetzt werden kann. Egoditor wurde durch ein Förderprogramm im Rahmen des Programms EXIST-Gründerstipendium unterstützt, in Kooperation mit der FH Bielefeld und war somit auch ein durch das Bielefelder Institut für Unternehmensgründung (BIfU) unterstütztes Projekt.

Preise und Auszeichnungen

Das Unternehmen wurde dreifach bei Businessplan-Wettbewerben ausgezeichnet:
- Preisträger Runde 1/2008 des Gründerwettbewerb – Mit Multimedia erfolgreich starten durch das Bundesministerium für Wirtschaft und Technologie (BMWi)

Mit dem Gründerwettbewerb – Mit Multimedia erfolgreich starten unterstützt das BMWi Gründungen von innovativen IKT-Unternehmen.
- 3. Platz bei ERCIS Launchpad 2008 – durchgeführt durch die Universität Münster und das European Research Center for Information Systems.

Im Jahr 2008 stand der Wettbewerb unter dem Titel „Web 2.0" und richtete sich an Gründer, Gründungswillige und Gründungsinteressierte mit hervorragenden Ideen für IT-Produkte und -Dienstleistungen.
- netSTART-Award – Microsoft-Sonderpreis, durchgeführt von der Universität Duisburg-Essen

Der Wettbewerb richtet sich an Gründungsinteressierte aus der Net Economy, insbesondere an Ideen in der Investitionsphase Pre-Seed und Seed-Phase.

Von „http://de.wikipedia.org/wiki/Egoditor"

Eucalyptus (Software)

Eucalyptus ist eine Open-Source-Infrastruktur zur Nutzung von Cloud Computing auf Rechnerclustern. Der Name ist ein Akronym für *Elastic Utility Computing Architecture for Linking Your Programs To Useful Systems*. Es ist kompatibel zu Amazon Web Services wie z.B. S3 und EC2. Eucalyptus ist sowohl als Quelltext als auch als RPM- und DEB-Paket verfügbar. Zusätzlich ist es seit Ubuntu 9.04 in den Repositories von Canonical enthalten. Das Projekt wurde durch die University of California, Santa Barbara, initiiert.

Aufbau

Eine Eucalyptus-Installation besteht aus folgenden Teilen:
- Cloud Controller
- Walrus Server
- Cluster Controller
- Storage Controller
- Node Controller

Der Cloud Controller übernimmt hierbei die Kontrolle über die gesamte Cloud. Der Walrus Server wird verwendet, um die sogenannten *Buckets* global zu speichern. Beide Komponenten sind nur einfach in der Cloud vorhanden. Pro Cluster, das in der Cloud arbeiten soll, werden ein *Cluster Controller* und ein *Storage Controller* verwendet. Jeder Knoten innerhalb dieser Cluster muss den *Node Controller* installiert haben. Um nun eine Anwendung in der Cloud rechnen zu lassen, müssen zunächst 3 verschiedene Buckets angelegt und beim Cloud Controller registriert werden. Diese Buckets enthalten dann den zu verwendenden Kernel, das Ramdisk-Image und das eigentlich Image. Sind diese korrekt installiert und registriert, kann mithilfe des *Cloud Controllers* eine Instanz davon erstellt werden. Diese Instanz wird nun durch Eucalyptus in der Cloud verteilt und es wird eine öffentliche IP-Adresse vergeben, mit der auf die Instanz zugegriffen werden kann.

Produktentwicklung

Die Open-Source-Software Eucalyptus ging durch mehrere Ausgaben. Die erste Version (1.0) war im Umfeld eines Forschungsprojektes der *University of California, Santa Barbara*, entwickelt und herausgegeben worden. Eucalyptus Open Source Version 1.5.2 war die erste Ausgabe nach der Gründung des Unternehmens *Eucalyptus Systems, Inc.*. Ausgaben von Eucalyptus OpenSource erfolgen zweimal jährlich im März und August.

Ubuntu Enterprise Cloud (UEC)

Seit der Version 1.5 ist Eucalyptus in das freie Betriebssystem Ubuntu integriert worden und bildet den Kern der *Ubuntu Enterprise Cloud* (UEC). Seit Version 1.6.2 ist Eucalyptus Bestandteil von Debian GNU/Linux.

Eucalyptus Enterprise Edition (EE)

Eucalyptus Enterprise Edition (EE) ist die kommerzielle Ausgabe, basierend auf Eucalyptus Open Source. Von „http://de.wikipedia.org/wiki/Eucalyptus_(Software)"

Everything as a Service

Struktur des XaaS-Stacks

Everything as a Service, kurz *XaaS* (auch *EaaS*), bezeichnet einen Ansatz, „alles" als Service zur Verfügung zu stellen und zu konsumieren. Damit ist es der konsequente letzte Schritt, nachdem es bereits Software, Laufzeitumgebungen, Hardware und menschliche Arbeit *as a Service* gibt.

Man unterscheidet in diesem Zusammenhang folgende Teile:

Software as a Service (SaaS)

→ *Hauptartikel: Software as a Service*
Unter *SaaS* versteht man ein Geschäftsmodell, Software nicht länger als Lizenz an einen Benutzer zu verkaufen, sondern lediglich die Benutzung selbiger als Service zur Verfügung zu stellen. Vergleichbar ist dieser Unterschied mit dem Unterschied zwischen einem Autokauf und einem Mietwagen, da dort ebenfalls eine Abrechnung "per use" erfolgt. Besonders vorangetrieben wurde diese Entwicklung durch Webservices, die in der Regel pro Aufruf abgerechnet werden. Als Beispiele für Software as a Service wären Google Docs und Apple iWork.com zu nennen.

Platform as a Service (PaaS)

→ *Hauptartikel: PaaS*
Unter *PaaS* versteht man den Ansatz, eine integrierte Laufzeit- (und evtl. auch Entwicklungs-) -umgebung als einen Dienst zur Verfügung zu stellen, für den der Nutzer on demand zahlen muss. Bekannte Beispiele dafür sind Google App Engine, Force.com und Windows Azure.

Infrastructure as a Service (IaaS)

→ *Hauptartikel: Cloud Computing*
Unter *IaaS* versteht man ein Geschäftsmodell, das entgegen dem klassischen Kaufen von Rechnerinfrastruktur („*Mein* Server steht in *meinem* Keller.") vorsieht, diese bei Bedarf (*on demand*) zu mieten. Daraus ergeben sich eine Vielzahl von Anwendungsmöglichkeiten, u. a.:

- einmalige Anwendungen werden bezahlbar
- Belastungsspitzen werden abgefangen
- plötzliches Wachstum ist ohne Probleme möglich (Skalierbarkeit)
- brachliegende Kapazitäten können sofort wieder freigegeben werden
- für selten ausgeführte Anwendungen muss nicht extra Infrastruktur vorgehalten werden
- durch die dazu nötige Virtualisierungstechnologie wird ein einfaches Softwaretesting auf den unterschiedlichsten Plattformen möglich

Der möglicherweise bekannteste Anbieter von IaaS ist Amazon mit Produkten wie EC2 für Rechenleistung und S3 für Speicher.

Humans as a Service (HuaaS)

→ *Hauptartikel: Crowdsourcing*
Unter *Humans as a Service* versteht man, menschliche Intelligenz wie einen Webservice zu nutzen. Dabei kommen vergleichbare Abrechnungsmodelle zur Anwendung, und es wird oftmals darauf gesetzt, dass es sehr viele Menschen gibt, die ihre Dienste anbieten. Interessant ist dies überwiegend für niedrig qualifizierte Tätigkeiten wie bspw. Bilderkennung, die ein Computer nicht oder nur sehr schlecht oder langsam erledigen kann. Meist werden HuaaS-Dienste durch Marktplätze vermittelt, auf denen Anbieter und Konsumenten zusammentreffen. Ein bekanntes Beispiel hierfür ist Amazon Mechanical Turk.

Weitere Ansätze

Neben den etablierten *as a Service*-Anwendungen gibt es auch noch weitere, die diskutiert oder vereinzelt auch schon angewendet werden. Oftmals handelt es sich dabei um bereits vorher bestehende Ansätze, die im Zuge der Cloudifizierung ebenfalls *as a Service* genannt werden. Einige Beispiele dazu sind:

High Performance Computing as a Service (HPCaaS)

High Performance Computing as a Service ist ein Bereich, der sich mit dem Hochleistungsrechnen beschäftigt und dies als einen Dienst zur Verfügung stellen möchte. Dabei geht es auch darum, Anwendungen aus dem Grid Computing umzusetzen, indem quasi ein Grid als Dienst zur Verfügung gestellt wird. Dieser Bereich wird zur Zeit intensiv erforscht, etwa am Steinbuch Centre for Computing des Karlsruher Instituts für Technologie.

Data Intensive Computing as a Service (DICaaS)

Data Intensive Computing as a Service beschreibt ebenso wie HPCaaS die eher wissenschaftliche Anwendung von Cloud Computing. Im Gegensatz dazu geht es hierbei allerdings weniger um extrem rechenaufwändige Aufgaben als vielmehr um die Verarbeitung (und Speicherung) sehr großer Datenmengen im Petabyte-Bereich, wie sie beispielsweise am CERN im LHC entstehen. Auch dieser Bereich ist aktueller Forschungsbereich.

Von „http://de.wikipedia.org/wiki/Everything_as_a_Service"

Fabasoft

Die Firma **Fabasoft** ist ein Softwarehersteller mit Hauptsitz in Linz, Oberösterreich. Das Unternehmen wurde 1988 von Helmut Fallmann und Leopold Bauernfeind gegründet.

Der Name *Fabasoft* ist eine Abkürzung aus **Fa**llmann **Ba**uernfeind **Soft**ware.

Unternehmensangaben

Das Geschäftsjahr der Fabasoft AG beginnt per 1. April. Die Mitarbeiteranzahl, jeweils zum Stichtag 31. März, stieg in den letzten Jahren von 100 Mitarbeitern im Jahr 2003 auf 185 (2004) und 203 (2005). Der Umsatz stieg ebenfalls von 16,94 Mio. Euro im Geschäftsjahr 2003/2004 auf 21,85 Mio. Euro (2004/2005) und 25,3 Mio. Euro im Geschäftsjahr 2005/2006. Im Geschäftsjahr 2006/2007 sank der Umsatz auf 21,2 Mio. Euro. Im Geschäftsjahr 2008/2009 verzeichnet die Fabasoft AG Umsätze in der Höhe von 20,02 Mio. Euro (21,6 Mio. Euro im Geschäftsjahr 2007/2008). Der Umsatz im Geschäftsjahr 2009/2010 betrug 23,3 Mio Euro. Die Aktien der Fabasoft AG sind seit dem 4. Oktober 1999 im Prime Standard der Frankfurter Wertpapierbörse notiert.

Fabasoft ist nach ISO 27001 zertifiziert und hat das Prüfverfahren nach SAS 70 Typ II abgeschlossen.

Positionierung

Fabasoft ist ein Hersteller von Standardsoftware für E-Government, Elektronische Aktenführung und Enterprise-Content-Management in Europa. Das Unternehmen betreut vorwiegend Großkunden in den Bereichen Bundesministerien, Landesverwaltungen, Kommunen, Interessenvertretungen sowie private Unternehmen in Österreich, Deutschland, der Schweiz, Italien und USA.

Die Fabasoft Produktpalette umfasst den gesamten E-Government Zyklus. Die Produkte erlauben eine Einbringung von Anträgen über das Internet, die elektronische Geschäftsfallbearbeitung (*Fabasoft eGov-Suite*) oder die elektronische Zustellung behördlicher und privater Schriftstücke sowie revisionssichere Archivierung.

Im Enterprise-Content-Management Bereich bietet Fabasoft die Plattform *Fabasoft Folio* in unterschiedlichen Ausprägungen an. Das Alleinstellungsmerkmal von *Fabasoft Folio* liegt im integrierten Zusammenspiel von Geschäftsprozessmanagement, Dokumentenmanagement und Records Management. Mit diesem Produkt ist Fabasoft auch derzeit der einzige Hersteller weltweit, der die MoReq2-Zertifizierung bestanden hat. Das Testverfahren wurde von der Imbus AG durchgeführt. Fabasoft beschäftigt sich auch mit dem Thema Cloud Computing. Das Produkt Fabasoft Folio Cloud wurde am 18. Januar 2010 der Öffentlichkeit vorgestellt. Es bietet eine Dokumentenmanagement- und Teamwork-Anwendung, die in der einfachsten Anwenderstufe kostenlos zur Verfügung gestellt wird.

Die Fabasoft Softwareprodukte stehen durchgängig vom Arbeitsplatz bis zum Rechenzentrum sowohl auf Basis des Betriebssystems Microsoft Windows als auch auf Basis verschiedener Linux-Distributionen zur Verfügung.

Anteilseigner

- Ca. 25,36 % der 7 Mio. Aktien befinden sich im Streubesitz.
- Ca. 69,64 % Fallmann & Bauernfeind Privatstiftung

Produkte

- Fabasoft app.telemetry , früher Fabasoft app.strudl
- Fabasoft eGov-Suite
- Fabasoft Folio
- Fabasoft Folio Cloud
- Fabasoft Mindbreeze
- Fabasoft app.test, früher Fabasoft DUCXtest
- Fabasoft app.ducx, früher Fabasoft DUCXdev

Von „http://de.wikipedia.org/wiki/Fabasoft"

Fabasoft Folio Cloud

Fabasoft Folio Cloud ist ein Softwareprodukt für Cloud Computing. Es wurde von der Firma Fabasoft in Linz entwickelt und im Jänner 2010 erstmals der Öffentlichkeit vorgestellt. Es bietet eine sichere Dokumentenmanagement- und Teamwork-Anwendung. In der einfachsten Anwenderstufe *primo* wird Fabasoft Folio Cloud kostenlos zur Verfügung gestellt.

Fabasoft Folio Cloud steht durchgängig vom Arbeitsplatz bis zum Rechenzentrum sowohl auf Basis verschiedener Linux-Distributionen als auch auf Basis des Betriebssystems Microsoft Windows zur Verfügung. Das Produkt Fabasoft Folio Cloud wird als Cloud-Service in eigenen Fabasoft-Rechenzentren in Europa betreiben.

Die Verwendung von Fabasoft Folio Cloud erfolgt ohne Installation direkt via Internet. Auch über viele Smartphones, wie iPhone und BlackBerry, ist die Nutzung möglich.

Standards

Fabasoft Folio (und damit Fabasoft Folio Cloud) ist ein WebDAV-Server sowie auch ein CalDAV-Server.

Zusatzinformationen

Fabasoft konnte mit dem Produkt Folio weltweit als erster und bisher einziger Hersteller die MoReq2-Zertifizierung bestehen. Darüber hinaus ist Fabasoft nach ISO 27001 zertifiziert und hat das Prüfverfahren nach SAS 70 Typ II abgeschlossen. Die Kommunikation zwischen Client und Cloud erfolgt stets verschlüsselt. Fabasoft Folio Cloud ist als einzige Cloud-Computing Software weltweit in 16 Sprachen erhältlich. Von „http://de.wikipedia.org/wiki/Fabasoft_Folio_Cloud"

Google App Engine

Google App Engine ist eine Plattform zum Entwickeln und Hosten von Webanwendungen auf den Servern von Google. Damit zählt sie zum sogenannten Platform-as-a-Service-Bereich (PaaS). Der Service ist unter gewissen Mengenbeschränkungen der genutzten Ressourcen kostenlos. Die Einschränkungen umfassen unter anderem:
- 1 Applikation darf maximal 6.5 CPU-Stunden pro Tag verwenden.
- Die Seiten können unbegrenzt aufgerufen werden und hängen u.a. von den noch verfügbaren CPU-Stunden ab.
- Jeder Benutzer darf 10 Anwendungen erstellen.
- Mit dem Mail API dürfen höchstens 100 Mails pro Tag verschickt werden. (Früher noch 2000)
- Eingehender/Ausgehender Datenfluss maximal 1 GB pro Tag und maximal 56 MB pro Minute.

Weitere Ressourcen sind zukaufbar. Abgerechnet wird entsprechend dem tatsächlichen Mehrverbrauch.

Entwicklungsumgebung

Es steht Python 2.5.2 zur Verfügung. Seit April 2009 auch die Java VM mit allen Sprachen, die dafür implementiert wurden (Clojure, Groovy, Scala, und JRuby; offizieller Grails-Support angekündigt für Grails v1.1.1) . Go wurde Mai 2011 als weitere unterstützte Sprache bekannt gegeben.

Services und Technologien

Google App Engine (GAE) stellt den Applikationen für beide Entwicklungsumgebungen verschiedene Services zur Verfügung, denen Google-Technologien zu Grunde liegen, die auch in anderen Google Applikationen und Dienstleistungen Verwendung finden:

Persistenz

Der "Datastore" ist ein verteilter Datenspeicherdienst mit Query-Engine und Transaktionssicherheit, aber ohne relationale Schemata, basierend auf dem Google "BigTable" Konzept. Für Java werden neben der Low Level API auch Teile von JDO und JPA unterstützt.

Authentifizierung

Basierend auf Google Accounts, d. h. User mit Google-Konto können sich bei Anwendungen anmelden.

URL Fetch

Applikationen können über die hochperformante Google-Infrastruktur auf Internetinhalte zugreifen.

Mail

Applikationen können E-Mails über die Google-E-Mail-Infrastruktur empfangen und versenden.

Memcache

Hochperformante In-Memory Cachefunktion für Daten, die nicht in der Persistenzschicht gelagert werden müssen, aber in multiplen Instanzen der Applikation zur Verfügung stehen sollen.

Bildmanipulation

Drehen, Spiegeln, Vergrößern, Verkleinern und Zuschneiden von Bildern.

Server-Verhalten

Kommunikationsbeispiel

1. Client schickt Request an Google App Engine (GAE)
2. GAE sucht anhand der URL nach entsprechender Applikation
3. Der am schnellsten reagierende Server wird für die Applikation ausgewählt
4. Die Request-Inhalte werden der Applikation übergeben und auf den Server geladen
5. Die Applikation wird auf dem Server gestartet und die verarbeiteten Daten als Response an die GAE zurückgeschickt
6. GAE schickt Response wieder an Client zurück

Applikationsverfügbarkeit

Die Applikation ist nicht permanent auf einem Server geladen. Um den Server zu entlasten, werden momentan nicht benötigte Applikationen nach einer gewissen Zeit vom Server entfernt bzw. benötigte Applikationen kurzer Hand auf den Server geladen (siehe "Kommunikationsbeispiel"). Dies wirkt einer Überlastung des Servers entgegen, sichert aber gleichzeitig die Verfügbarkeit jeder Applikation.

Von „http://de.wikipedia.org/wiki/Google_App_Engine"

Google BigTable

BigTable ist ein proprietäres Hochleistungs-Datenbanksystem des Unternehmens Google. Es baut unter anderem auf dem Google File System (GFS) und *Chubby Lock Service* auf. Es wird zurzeit beispielsweise beim Platform-as-a-Service-Dienst (PaaS) Google App Engine genutzt.

Geschichte

Die Entwicklung von BigTable begann 2004. Es wird mittlerweile von vielen Google-Produkten, wie etwa MapReduce, Google Reader, Google Maps, Google Bücher, YouTube oder Google Earth, genutzt. Da BigTable-Datenbanken sehr groß werden können, wurde besonderer Wert auf Skalierbarkeit (durch Unterstützung sehr großer Computercluster) und Geschwindigkeit (durch eine nichtrelationale Struktur) gelegt.

Design

Charakteristisch für in BigTable gespeicherte Daten ist, dass sehr häufig Datensätze hinzugefügt werden, vorhandene Datensätze aber sehr selten geändert werden. Eine BigTable besteht grundlegend aus sehr vielen Zeilen, die durch einen Datensatzidentifikator benannt werden. Innerhalb einer Zeile können beliebig viele Spalten definiert werden. Im Gegensatz zu relationalen Datenbanken können die Spalten für jede Zeile unterschiedlich groß sein. Lediglich die sogenannten *Family Columns*, die einen gleichen Datentyp (wie beispielsweise einen Link, der auf eine Seite verweist), müssen bei der Implementierung der Datenbank bekannt sein, können aber beliebig viele Instanzen pro Zeile enthalten.

Jede Tabelle ist mehrdimensional. Zur Versionierung erhält jeder Eintrag einen Timestamp. Mithilfe von Timestamps kann stets die neueste Version der Daten berücksichtigt werden, ohne ältere Daten zu bearbeiten oder zu löschen.

Beispiel

Google selbst beschreibt in einer Publikation ein Beispiel für die Verwendung von BigTable durch die Google-Suchmaschine: Für jede zuvor durch einen Crawler gescannte neue Webseite wird eine Zeile in der entsprechenden BigTable angelegt. Die erste Spalte enthält den ersten Inhalt (in HTML-Syntax) der Seite. Die Multidimensionalität entsteht durch spätere Versionen der gleichen Seite und den zugeordneten Zeitstempel (Timestamp). Die nachfolgenden Spalten entstammen alle der gleichen FamilyColumn "anchor" und enthält jeweils die URL einer anderen Seite, die auf die entsprechende Seite verlinkt. Somit kann die Anzahl der Spalten theoretisch unendlich groß werden. Die gesammelten Links sind eine Grundlage des PageRank-Verfahrens.

Von „http://de.wikipedia.org/wiki/Google_BigTable"

Google Text & Tabellen

Google Text & Tabellen (englisch *Google Docs*) ist eine von Google Inc. angebotene Webanwendung für Textverarbeitung, Tabellenkalkulation, Erstellung von Bildschirmpräsentationen, Formularen und Zeichnungen. Sie ermöglicht Anwendern diese Dokumente gemeinsam mit anderen Nutzern zu bearbeiten, wobei Änderungen in Echtzeit bei allen Beteiligten angezeigt werden. Zusätzlich können beliebige andere Dateien online gesichert werden.

Zu Beginn wurden die Dienste *Google Docs* und *Spreadsheets* getrennt entwickelt, bis im Oktober 2006 eine kombinierte Anwendung *Text & Tabellen* veröffentlicht wurde. Bis Februar 2007 war die Seite nur in Englisch verfügbar. Im selben Monat wurde der Dienst auch für *Google Apps* verfügbar.

Funktionen

Text & Tabellen ist nicht so umfangreich wie Office-Pakete zur lokalen Installation, beispielsweise LibreOffice oder Microsoft Office. Es werden aber die wichtigsten Grundfunktionen unterstützt.

Im Juni 2007 wurde das Design der Startseite zu einem zweispaltigen Layout verändert. Seitdem ist es möglich, Ordner zu erstellen. 2011 hat Google das Interface nochmals aktualisiert. Seitdem gibt es eine Informationsleiste rechts neben der Dokumentenliste sowie eine Diashow-Ansicht, falls der Filter für Bilder aktiviert ist.

Alle Dokumente können mit oder ohne Bearbeitungsrecht in drei Stufen freigegeben werden: Entweder nur bestimmten Google-Nutzern, oder allen Personen, die einen geheimen Link besitzen, oder frei im Web, sodass auch Suchmaschinen die Inhalte erfassen können. Zusätzlich kann man das Dokument als Webseite veröffentlicht werden, sodass der Inhalt auch von mehr als der sonst beschränkten Anzahl von Nutzern gleichzeitig angezeigt werden kann. Des Weiteren wird für alle Dokumententypen eine vollständige Versionsgeschichte aufgezeichnet. Auch eine Chatleiste kann zur einfacheren Kommunikation zwischen den Bearbeitern eingeblendet werden. Änderungen werden während der Arbeit automatisch gespeichert.

Textverarbeitung

Bildschirmfoto des Texteditors

Erwähnenswerte Funktionen der Textverarbeitung sind ein Formeleditor sowie Diskussionen mit E-Mail-Benachrichtigung.

Bildschirmpräsentationen

Präsentationen können aus Text, Tabellen, Zeichnungen, Bildern und Videos bestehen. Die Wiedergabe erfolgt direkt im Browser, am Besten im Vollbildmodus.

Tabellenkalkulation

Dieser Dokumententyp beherrscht Formelverarbeitung, Formatierung und Sortierung. Er erlaubt außerdem das horizontale Verbinden von Zellen. Darüber hinaus können Microsoft-Excel-, CSV- und OpenDocument-Dateien importiert und Microsoft-Excel-, CSV-, OpenDocument-, PDF- und HTML-Dateien exportiert werden.

Im April 2007 wurde die Diagramm-Funktion eingeführt. Wie bei anderen Office-Paketen ist es seitdem auch möglich, Zellen bei Tabellen automatisch ausfüllen zu lassen.

Formulare

Seit Februar 2008 ist es möglich, Formulare zu erstellen und diese per E-Mail zu verschicken. Der Empfänger kann das Formular direkt in der E-Mail-Nachricht ausfüllen und wieder abschicken. Mit den gesammelten Antworten erstellt *Google Text & Tabellen* automatisch Statistiken, die im Tabellen-Editor geöffnet und bearbeitet werden können. Für die Antworten können verschiedene Typen vorgegeben werden: Freitext, eine Auswahlfrage, Ankreuzvorschläge, eine Skala oder eine Position in einem Gitter.

Zeichnungen

In einer Zeichnung können verschiedene graphische und geometrische Elemente sowie Schrift und Bilder angeordnet werden. Exportformate sind PNG, JPEG, SVG und PDF.

Kontroverse

In der ersten Fassung der deutschsprachigen Allgemeinen Geschäftsbedingungen des Dienstes hatte Google das Recht, die vom Benutzer erstellten Dokumente weiterzuverwenden, dabei handelte es sich nach Angaben von Google um einen Übersetzungsfehler. Nach einiger Zeit wurde der entsprechende Abschnitt der Nutzungsbedingungen vollständig ersetzt. Er betont jetzt das Urheberrecht am eigenen Inhalt und klärt die Lizenzbedingungen zur Bereitstellung des Dienstes.

Nutzung

Die Verwendung der verschlüsselten Seitenübertragung mittels SSL und HTTPS ist standardmäßig aktiviert. Zur Nutzung dieser Dienste verlangt Google eine Anmeldung mit einem Google-Konto, wofür eine E-Mail-Adresse und ein Passwort anzugeben ist.

Die Anwendung unterstützt bestimmte Webbrowser wegen technischer Einschränkungen, zum Beispiel wegen mangelhafter JavaScript-Unterstützung, nicht. Opera und die Windows-Version von Safari werden offiziell noch nicht unterstützt, können aber je nach konkretem Einsatz dennoch problemlos funktionieren.

Von „http://de.wikipedia.org/wiki/Google_Text_%26_Tabellen"

Humyo

Das Unternehmen **Humyo** bietet einen Webdienst, mit dessen Hilfe sich Dateien auf einer Online Festplatte (Online-Datensicherung) speichern lassen. Der Zugriff ist über eine Weboberfläche möglich. Für Nutzer des kostenpflichtigen Premium Angebots wird ein Client mit dem Namen SmartDrive angeboten. Der Client ist für die Betriebssysteme Microsoft Windows und Mac OS X erhältlich. Inzwischen wurde Humyo von der Firma TrendMicro übernommen.

Seit Juni 2010 bietet das Internet- und Telefonie Unternehmen Alice-DSL eine Online Festplatte unter dem Namen „Alice Disk" bzw. „Alice SmartDisk" an. Die Technologie des Produkts stammt von Humyo.

Funktionsweise

In der kostenlosen Version ist der Zugriff auf den Online Speicher über eine Weboberfläche möglich. Kunden des kostenpflichtigen Premium Produkts können den SmartDrive Client installieren. Durch die Installation des SmartDrive-Clients wird ein neues Laufwerk auf dem Rechner erstellt. In dem Client läßt sich einstellen, welche Verzeichnisse automatisch mit dem Online Speicher abgeglichen werden sollen.

Produkte

Kostenlos erhält man 10 GB Speicherplatz, wobei 5 GB für Media-Dateien (Bilder, Musik etc.) und 5 GB für sonstige Dateiformate genutzt werden können. Für 5,94 € pro Monat gibt es das Produkt Premium mit einem Speicherplatz von 100 GB. Als Jahresabo kostet Premium 59,49 €. Für 7,94 € pro Monat können jeweils 100 GB zusätzlicher Speicherplatz hinzugekauft werden.

Geschichte

Im Januar 2007 wurde das Unternehmen in England gegründet, dort befindet sich auch das Rechenzentrum, auf dem sämtliche Daten gesichert werden. Es gibt Niederlassungen in England, Deutschland, Frankreich und Tschechien. Etwa 600.000 Kunden nutzen das Produkt. Im Juni 2010 wurde Humyo von Trend Micro übernommen.

Fußnoten und Quellen

Von „http://de.wikipedia.org/wiki/Humyo"

iCloud

iCloud ist ein Cloud-Dienst des Unternehmens Apple, der am 6. Juni 2011 im Rahmen der Worldwide Developers Conference (WWDC) vorgestellt wurde. Zu seiner Veröffentlichung im Herbst 2011 soll MobileMe, der bisherige Online-Dienst von Apple, durch iCloud abgelöst werden.

Mit iCloud wird es möglich sein, Daten auf Apple-Geräten (Mac, iPhone, iPod touch, iPad) und Windows-Rechnern synchron zu halten. Jedem Gerätebesitzer werden 5 GB für seine Daten bereitgestellt. Weiterer Speicherplatz kann bei Apple gekauft werden. Musik, Apps und Bücher sowie eigene Fotos belegen davon unabhängigen Speicherplatz. Neben Mails, Kontakten und Kalendereinträgen, die bereits mit MobileMe synchron gehalten werden können, werden Fotos, geladene Bücher oder Musik und erstellte oder veränderte Dokumente automatisch in iCloud hochgeladen und mit allen Geräten des Besitzer, auf denen er das wünscht, synchronisiert.

Im Gegensatz zu MobileMe wird iCloud kostenlos sein. Lediglich der Zusatzdienst *iTunes Match*, der dazu dient, auch nicht in iTunes, Apples Multimedia-Verwaltungsprogramm, gekaufte Musik zu synchronisieren, wird jährlich 24,99 USD kosten. Diese Musikstücke können durch 256 kbit/s AAC-Dateien ohne Kopierschutz ersetzt werden.

Voraussetzung für die Nutzung des Diensts wird iOS 5 auf mobilen Geräten sowie Mac OS X Lion beziehungsweise Windows Vista oder Windows 7 auf Desktop-Rechnern sein. Über iCloud.com sollen Benutzer zusätzlich per Browser auf ihre Daten zugreifen können.

Die Preise für die Erweiterung des Speichers sind:
- 10 GB - 16 Euro/Jahr
- 20 GB - 32 Euro/Jahr
- 50 GB - 80 Euro/Jahr

Von „http://de.wikipedia.org/wiki/ICloud"

Microsoft Windows Azure

Logo von Microsoft Windows Azure

Windows Azure ist einer von mehreren Cloud-Diensten im Rahmen von Microsofts Windows Azure Platform (kurz: *Azure*). Azure ist Microsofts Cloud-Computing-Plattform mit dem Cloud-Betriebssystem Windows Azure und anderen Diensten wie SQL Azure oder AppFabric, die sich in erster Linie an Softwareentwickler richtet. Sie ist seit dem 1. Februar 2010 offiziell verfügbar.

Konzept und Realisierung

Anbieter des Cloud Computings stellen Anwendungen und Datenbanken zur Verfügung, die netzbasiert genutzt werden können. Auch die eigenen Dateien des Anwenders liegen nicht mehr auf dem eigenen Computer, sondern auf den Servern des Providers. Microsoft möchte sich wesentlich stärker auf internetbasierte Services konzentrieren und hofft, so dem Käufertrend zu billigeren und leistungsschwächeren Rechnern wie Netbooks begegnen zu können. Ein für den Hersteller interessanter Nebeneffekt wäre, dass das Problem der Raubkopien stark eingedämmt würde, da keine Software an die Endanwender mehr vertrieben werden muss. Das Angebot soll eine wesentliche Kursänderung bei Microsoft markieren. Es wird gegen Konkurrenten wie Google App Engine oder die *Elastic Compute Cloud* von Amazon konkurrieren.

Für Microsoft ist Windows Azure Ausdruck einer wesentlichen Kursänderung. Microsofts Chief Software Architekt, Ray Ozzie, kündigte das neue Konzept bei der Erstvorstellung im Jahr 2008 als "Wendepunkt für Microsoft" an. Windows Azure ist Baustein einer neu entwickelten Plattform, der Windows Azure Platform. Sie stellt Anwendern drei Grundfunktionaliäten bereit:
- Rechenkapazität und Speicherplatz für die Ausführung von Anwendungen und Speicherung von Daten (Microsoft Windows Azure)
- relationale Datenbanken (Microsoft SQL Azure)
- Lösungen für die Anbindung von In-house-IT-Systemen an Cloud-Anwendungen über einen Servicebus und Zugriffskontrollsysteme
- Anwendungen, die auf der Windows Azure Plattform laufen sollen, können in verschiedenen Programmiersprachen entwickelt werden (.NET, PHP, Ruby, Python oder Java), für den Datenaustausch werden Internetprotokolle wie HTTP, XML, SOAP und REST unterstützt.

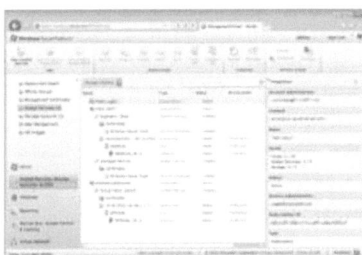

Screenshot der neuen Oberfläche der Azure Service-Plattform

Windows Azure stellt dabei den großen Teil einer neu entwickelten Plattform, der *Windows Azure Platform*, dar. Diese Plattform bietet den Anwendern neue Dienste, so beispielsweise eine Datenbank und eine neue Version des .NET Frameworks. Darüber hinaus werden auch Dienste zur Synchronisation von Daten, die auf dem System der Microsoft Windows SharePoint Services basieren, angeboten werden.

Für die erwartete Last will Microsoft für je 1 Mrd. Dollar 20 neue Rechenzentren aus bis zu 2500, in Containern zusammengefassten, Servern erstellen.

Aufbau

Windows Azure unterteilt sich in Compute, Storage, AppFabric, Virtual Network, CDN und Marketplace. Compute stellt drei sogenannte Rollen zur Verfügung: Web Role als Container für Webanwendungen, Worker Role für unter anderem nebenläufige oder rechenintensive Aufgaben und die VM Role (beta) welche „user-provided Windows Server 2008 R2 image[s]" in der Cloud hosten. Storage erlaubt das Speichern von Daten in BLOBs, Tabellen oder Queues und AppFabric stellt Infrastrukturdienste wie einen Service Bus, Access Control, Caching, Integration und Composite App für verteilte Anwendungen zur Verfügung.

Der Betrieb einer kleinen Webanwendung kostet rund $ 40 pro Monat.

Durch die VM Role erlaubt es Microsoft eigene Windows Server Images in ihren Rechenzentren laufen zu lassen und damit bisherige On-Premise-Lösungen in der Cloud laufen zu lassen. Allerdings ist man hier auf dieses eine Betriebssystem festgelegt. Die Web Role erlaubt es Anwendungen in einer Vielzahl von Programmiersprachen (.NET (C# and Visual Basic), C++, PHP, Ruby, Python, Java) zu deployen. Abgestimmt ist die Windows Azure Platform allerdings auf das .NET Framework und Visual Studio. Es gibt zwar eine Eclipse-Integration, allerdings nur für Windows.

Microsoft bietet außerdem ihre Infrastruktur auch als Appliance an, um sich eine Windows Azure private Cloud im eigenen Rechenzentrum aufzubauen.

Im Vergleich zur Google App Engine und Amazons Elastic Beanstalk unterstützt Microsoft die meisten Programmiersprachen und hat ein auffallendes Rollensystem. Um allerdings eine Java Webanwendung zu deployen kann man nicht einfach eine WAR Datei hochladen, sondern man muss die eigene Anwendung inklusive Java Laufzeitumgebung und Tomcat Application Server in eine Worker Role verpacken und deployen.

Entwicklung

Ray Ozzie kündigte auf der *Professional Developers Conference 2008* in Los Angeles zum ersten Mal Windows Azure offiziell an und stellte den Teilnehmern der Konferenz den Zugang zu einem Community Technology Preview zur Verfügung. Zuvor war es von Steve Ballmer als *Windows Cloud* angekündigt worden.

Die Plattform steht seit dem 1. Februar 2010 offiziell zur Verfügung. Andere Software-Hersteller sind damit in der Lage, ihre Software über die Plattform als SaaS-Dienst anbieten zu können.

Die Funktionalität der Windows Azure Plattform wurde von Microsoft seit ihrer Erstvorstellung im Herbst 2008 stufenweise ausgebaut. Die nachfolgende Übersicht informiert über wesentliche Erweiterungen der Plattform sowie wichtige Bekanntmachungen zu Windows Azure.

Ausfallsicherheit

Laut Microsoft können die Daten auf verschiedenen Servern redundant gespeichert werden. Eine Verfügbarkeit von 99,9% für den Compute Bereich von Windows Azure werden zugesichert wenn mindestens zwei Instanzen jeder Rolle gleichzeitig in unterschiedlichen Fehler- und Upgrade-Bereichen laufen um im Falle eines Ausfalls einer Instanz eine zweite Instanz als Rückfallmöglichkeit zu haben. Auch für den Storage Bereich von Windows Azure wird eine Verfügbarkeit von 99,9% zugesichert, wenn es sich um korrekt formulierte Anfragen zum Hinzufügen, Bearbeiten, Lesen oder Löschen der Daten handelt.

Von „http://de.wikipedia.org/wiki/Microsoft_Windows_Azure"

MobileMe

MobileMe ist ein kostenpflichtiger Online-Dienst von Apple, der Daten auf mobilen und stationären Geräten synchron hält. Dabei kann es sich um E-Mails, Termine, Adressen oder Fotos handeln. Zu den unterstützten Geräten gehören das iPhone, der iPod touch, das iPad sowie Computer mit Mac OS X, Microsoft Windows oder einem aktuellen Browser.

Geschichte

MobileMe wurde am 9. Juni 2008 auf der Konferenz WWDC 2008 angekündigt als Nachfolgedienst von .Mac. Mit dem neuen Namen verbindet sich ein Wandel des Schwerpunktes auf sofortige Synchronisierung von Daten auf verschiedenen mobilen und stationären Geräten mittels der Push-Technik und des Zugriffs auf eigene Daten, unabhängig vom eigenen Standort.

Wegen der starken Last konnte Apple nach Start des Angebotes den Push-Dienst jedoch nur für mobile Geräte bereitstellen. Als Entschädigung verlängerte Apple die Laufzeit des Vertrages für bestehende Kunden kostenlos um 30 Tage und später um weitere 60 Tage. Außerdem berichtete Apple, dass circa 1 % der MobileMe-Benutzer den integrierten E-Mail-Dienst mindestens eine Woche lang nicht nutzen konnten.

Am 6. Juni 2011 gab Apple auf der WWDC bekannt, dass ein neuer Dienst namens iCloud, der ab Herbst komplett kostenfrei angeboten wird, MobileMe ersetzen wird.

Unterschiede zwischen .Mac und MobileMe

MobileMe ersetzte ab dem 10. Juli 2008 den .Mac-Service. Die Konvertierung für die Nutzer geschah automatisch.

Während .Mac hauptsächlich auf Desktop- und Notebooknutzung ausgerichtet war, soll MobileMe Internetdienste sowohl für Mac-OS- als auch für iPhone- und Windows-Nutzer bereitstellen, die meisten von .Mac bekannten Leistungen behalten und zusätzliche Dienste (z. B. Push-Dienste) bereitstellen. Einige Funktionen fielen ersatzlos weg oder sind zumindest nicht mehr in der Form integriert, wie sie es

bei .Mac waren:
- Die iCards (Grußkarten) fielen ersatzlos weg.
- Der Internet-Zugriff auf synchronisierte Safari-Lesezeichen fiel ersatzlos weg.
- Das Erstellen neuer Nur-E-mail-Konten ist nicht mehr möglich, bestehende können aber verlängert werden.
- Die Gruppenfunktion gibt es nicht mehr („In MobileMe sind Gruppen nicht mehr integraler Bestandteil der Anwendung, Sie können jedoch bereits erstellte .Mac Gruppen weiterhin benutzen." (Apple Support: *MobileMe: Informationen zu .Mac Gruppen*))
- Die Synchronisation mit Macs unter Mac OS X 10.3 „Panther" ist nicht mehr möglich.
- Die .Mac-Homepage-Webanwendung gibt es nicht mehr, sie besteht aber über einen Verweis in der iDisk-Webanwendung weiter.
- Die .Mac-Dias (engl. „.Mac Slides") werden nicht mehr unterstützt. Der Zugriff auf bereits veröffentlichte Dias ist jedoch weiterhin möglich, das Veröffentlichen jedoch nur noch mit alten Versionen von iPhoto und Aperture, die diese Funktion noch beherrschen. Ein eigenständiges Programm „.Mac Slides Publisher" ist nicht mehr verfügbar.

Funktionen

Push-Dienste
MobileMe umfasst sogenannte Push-Dienste für E-Mail, Kalender und Adressen. Zum Start von MobileMe stehen die Push-Dienste jedoch nur für den iPod touch und das iPhone sowie die Browser-basierten Web-Anwendungen zur Verfügung. Auf Computern findet eine Synchronisation in einem Intervall von minimal 60 Sekunden statt.

Synchronisation
MobileMe soll Daten (E-Mail-Konten, Adressen, Kalender, Bookmarks, Dashboard-Widgets, Dockobjekte, Schlüsselbunde, Notizen, Einstellungen) zwischen mehreren Geräten (Mac, iPhone, iPad, iPod touch, PC) synchron halten.

Dies geschieht über eine Anbindung an das Internet. Unterstützt werden die OS X-Programme Mail, Safari, Adressbuch und iCal, aber auch Microsoft Outlook, Internet Explorer und Safari unter Windows.

Webanwendungen
Zusätzlich erhalten Kunden durch die *MobileMe-Webapps* auf der Webseite des Dienstes die Möglichkeit, von jedem beliebigen Rechner aus über einen Web-Browser auf die eigenen Daten zuzugreifen und diese teilweise auch zu editieren. Der Benutzer erhält Zugriff auf die folgenden Webanwendungen:
- Mail (Zugriff auf E-Mails des eigenen MobileMe-Benutzerkontos)
- Adressbuch (Zugriff auf die über MobileMe synchronisierten Kontaktinformationen)
- Kalender (Zugriff auf die über MobileMe synchronisierten Kalenderdaten)
- Galerie (Veröffentlichen von Bildern und Videos in der MobileMe-Galerie mit Hoch- und Herunterladen, Alben-Organisation, diversen Einstellungsmöglichkeiten und Zugriff auf mit iPhoto oder Aperture synchronisierte Fotoalben.)
- iDisk (Lese- und Schreibzugriff auf die iDisk sowie Löschen von Dateien und (De-)Komprimieren von zip-Dateien)
- Mein iPhone suchen (Zugriff auf Fernlöschfunktionen)
- Benutzerkonto (Ändern von personenbezogenen Daten wie Anschrift oder Rechnungsadresse, Verlängern der Mitgliedschaft, Kaufen von Zusatzoptionen wie mehr Speicherplatz und Einsehen der aktuellen Verfügbarkeit der einzelnen MobileMe-Dienste)

E-Mail-Dienst
Der Dienst beinhaltet ein E-Mail-Konto und eine E-Mail-Adresse (z. B. vorname.nachname@*me.com*), die über IMAP oder POP3 abgefragt werden kann.

Galerie
Über die Galeriefunktion können Bilder in das Internet gestellt und selektiv anderen Nutzern zur Verfügung gestellt werden. Es gibt auch die Möglichkeit, dass andere Nutzer einer Galerie weitere Bilder hinzuzufügen. Dies kann via Browser oder E-Mail geschehen. Die hinzugefügten Bilder werden automatisch mit dem lokalen iPhoto synchronisiert.

iDisk
iDisk stellt auf Servern 20 oder mehr Gigabyte Speicherplatz zur Verfügung, auf den über das WebDAV-Protokoll oder einen Browser zugegriffen werden kann.

Dienste für Mac OS X
Für Mac OS X wird *Back To My Mac* zur Verfügung gestellt. Dabei handelt es sich um einen Dienst, welcher den Datenzugriff auf den heimischen Mac von beliebigen Internetzugängen aus erlaubt. Einstellungen, Passwörter, Dashboard-Widgets, Dockobjekte, Mail-Accounts (inkl. aller Regeln und Signaturen) und Notizen lassen sich zudem zwischen verschiedenen Macs synchronisieren.

Mein iPhone/iPad suchen
Ab 17. Juni 2009 ergänzt Apple eine neue Funktion, mit der sich ein verlegtes iPhone und auch ein verlegtes iPad wieder finden lassen. Per Mausklick lässt sich das Handy oder iPad orten, die Position auf einer Karte anzeigen und einen Klingelton, auch wenn es auf stumm geschaltet ist, mit einer Nachricht auslösen. Seit November 2010 ist, mit Einführung von iOS 4.2.1, dieser Dienst zumindest für Besitzer eines iPhone 4, iPod touch (4G) oder iPad kostenlos.

Daten vom iPhone, iPod touch oder iPad löschen lassen
Sollte das eigene iPhone, iPod touch oder iPad gestohlen worden sein, kann man die kompletten Daten löschen lassen. Damit wird das Gerät unbrauchbar und persönliche Daten können nicht in fremde Hände gelangen. Seit November 2010 ist, mit Einführung von iOS 4.2.1, dieser Dienst zumindest für Besitzer eines iPhone 4, iPod touch(4G) oder iPad kostenlos.

iPhone oder iPad sperren lassen
Mit der Einführung von OS 3.1 für das iPhone gibt es eine neue Funktion, mit der sich das iPhone oder iPad mit einem 4-stelligen Zugangscode von der Ferne aus sperren lässt. Diese Option ist nützlich, wenn man nicht gleich eine komplette Löschung durchführen möchte und trotzdem den Finder oder Dieb des iPhones aussperren möchte. Seit November 2010 ist, mit Einführung von iOS 4.2.1, dieser Dienst zumindest für Besitzer eines iPhone 4 oder iPads kostenlos.

Kritik
Bei den Versionen 7.7 bis 8.2. der iTunes-Software für Windows wurde der MobileMe-Dienst ungefragt als Systemdienst installiert. Eine Möglichkeit der Abwahl bei der Installation gab es nicht.

Die Einführung von MobileMe war mit großen Problemen verbunden. So war der Dienst teilweise nicht oder nur eingeschränkt verfügbar und wies besonders als Webanwendung ungewöhnlich hohe Antwortzeiten auf.
Von „http://de.wikipedia.org/wiki/MobileMe"

OAuth

OAuth-Logo

OAuth ist ein offenes Protokoll, das eine standardisierte, sichere API-Autorisierung für Desktop-, Web- und mobile Anwendungen erlaubt. Es wurde von Blaine Cook und Chris Messina initiiert.

Ein Endbenutzer (*User*) kann mit Hilfe dieses Protokolls einer Anwendung (*Consumer*) den Zugriff auf seine Daten erlauben (*Autorisierung*), die von einer anderen Anwendung (*Service*) verwaltet werden, ohne alle Details seiner Zugangsberechtigung zur anderen Anwendung (*Authentifizierung*) preiszugeben. Der Endbenutzer kann so Dritte damit beauftragen und dazu autorisieren, sich von ihnen den Gebrauchswert von Anwendungen erhöhen zu lassen. Typischerweise wird dabei die Übermittlung von Passwörtern an Dritte vermieden.

Begriffe
Service Provider
(deutsch: „Dienstanbieter") ist eine Website oder ein Web Service, bei dem die Informationen liegen, auf die ein kontrollierter Zugriff erlaubt werden soll. Er hat die volle Kontrolle und Verantwortung für die Implementierung von OAuth. Der Service Provider muss kein *Identity Provider* (Anbieter für ein zentrales Identititätsmanagement; zum Beispiel OpenID) sein.
User
(deutsch: „Benutzer") ist der Eigentümer der Informationen. Ihm soll mit OAuth die Kontrolle über seine Informationen ermöglicht werden. OAuth ist so konzipiert, dass nur die manuelle Freigabe des Users den Zugriff auf seine Daten ermöglicht.
Consumer
(deutsch: „Nachfrager" oder „Konsument") ist eine Applikation, die Zugriff auf die Informationen eines Users erlangen möchte. Es kann eine Website, ein Desktopprogramm, eine mobile Anwendung, eine Set-Top-Box und so weiter sein, die in jedem Fall Zugang zum Internet haben muss.
Ein *Consumer Developer* ist der Entwickler der Consumer-Applikation, die mit dem Service Provider interagiert.
Protected Resources
(deutsch: „geschützte Ressourcen") sind die Informationen des Users, auf die mit Hilfe von OAuth ein kontrollierter Zugriff erlaubt werden soll. Dabei kann es sich um Daten (Fotos, Dokumente, Adressen und so weiter), Aktivitäten (das Schreiben von Blogbeiträgen, der Transfer von Geld und so weiter) oder den geschützten Zugriff auf eine URL handeln.
Token
werden an Stelle von Benutzername-Passwort-Kombinationen verwendet, um auf Ressourcen zuzugreifen. Ein Token ist meist eine Zeichenkette aus Buchstaben und Zahlen; Sonderzeichen können auch verwendet werden. Um es vor Missbrauch zu schützen soll es schwer zu erraten und passend zu einer Sicherheitsabfrage sein. OAuth unterscheidet zwischen Abfrage-Token und Zugangs-Token.

Geschichte

Blaine Cook

Chris Messina

OAuth wurde im November 2006 gestartet, als Blaine Cook die OpenID-Implementierung für Twitter entwickelte. Zur selben Zeit brauchte Ma.gnolia eine Lösung, die seinen Benutzern mit OpenIDs erlaubte, Dashboard Widgets zu autorisieren, ihre Dienste zu benutzen. Deshalb trafen sich Blaine Cook, Chris Messina und Larry Halff von Ma.gnolia mit David Recordon, um die Verwendung von OpenID mit den APIs von Twitter und Ma.gnolia für die Delegation der Authentifizierung zu diskutieren. Sie stimmten überein, dass es zu dieser Zeit keinen offenen Standard für eine API-Zugriffsdelegierung gab.

Das OAuth-Internetforum wurde im April 2007 für eine kleine Gruppe Implementierer angelegt, um einen Entwurfsvorschlag für ein offenes Protokoll zu schreiben. DeWitt Clinton von Google hörte von dem OAuth-Projekt und drückte sein Interesse an der Unterstützung dieser Anstrengungen aus. Im Juli 2007 gab das Team einen ersten Spezifikationsentwurf heraus. Am 3. Oktober 2007 wurde der OAuth Core 1.0 Entwurf veröffentlicht.

Auf dem 73. IETF-Treffen in Minneapolis im November 2008 wurde eine Birds of a Feather abgehalten, um das Einbringen des Protokolls in die IETF für weitere Standardisierungsarbeiten zu diskutieren. Das Event war wohlbesucht und es gab eine breite Unterstützung für die Einrichtung einer OAuth-Arbeitsgruppe in der IETF.

Sicherheit

Am 23. April 2009 wurde eine Sicherheitslücke im Protokoll aufgedeckt. Sie betraf den OAuth-Authentifizierungsablauf (auch bekannt als ‚Dreibeiniges OAuth' (englisch 3-legged OAuth)) im OAuth Core 1.0 Abschnitt 6.

→ DataPortability

Fußnoten

Von „http://de.wikipedia.org/wiki/OAuth"

Office 365

Office 365 ist eine Cloud-Anwendung der Firma Microsoft. Genau wie beim Vorgänger, der PC-Software "Business Productivity Online Suite", ist es das Konzept, Business-Software-Sammlung vom eigenen PC/Netzwerk ins Internet zu verlagern. Den Schwerpunkt des Cloud-Computing-Paketes bilden Anwendungen für die Kommunikation und Online-Zusammenarbeit, "Lync", für Audio- und Videotelefonate sowie den Austausch von Sofort-Nachrichten, "SharePoint", ein Sammelfach für die Team-Arbeit an Office-Dokumenten oder ein Exchange-Server für die zentrale Verteilung von E-Mails. Weiterhin sind auch die klassischen Büroprodukte wie E-Mail-, Text- oder Präsentationsprogramme enthalten. Seit dem 28.06.2011 ist Office 365 nach einer vorangegangenen Beta-Phase offiziell in Deutschland verfügbar.

Microsoft hat mehrere Pakete für unterschiedliche Zielgruppen erstellt, um so den verschiedenen Anforderungen gerecht zu werden. Neben Paketvarianten für mittelständische und große Unternehmen (Paket E1, E2, E3 und E4) gibt es auch kleinere Angebote für Berufstätige und kleine Unternehmen (Paket P1). Des Weiteren sind auch mit den Paketen K1 und K2 Mitarbeiter ohne festen Arbeitsplatz berücksichtigt. Die teuerste Variante von Office 365 (Paket E4) kostet monatlich 25,50 Euro.

Quelle

- Microsoft-Produktmanager Florian Müller, 15. Januar 2011, Deutschlandfunk
- tec2date GmbH, Microsoft Cloud Essentials Partner

Literatur

- MindBusiness GmbH: *Microsoft Office 365 – einfach online zusammenarbeiten.* Microsoft Press, Juli 2011, ISBN 978-3-86645-821-5, S. 302, DNB 1010763490 (Inhaltsverzeichnis, abgerufen am 27. Juli 2011).

Von „http://de.wikipedia.org/wiki/Office_365"

OpenNebula

OpenNebula ist eine Open-Source-Werkzeugsammlung für Cloud Computing. Es ist zum Management heterogener Infrastrukturen gedacht. Als IaaS-Cloud-Lösung (Infrastructure as a Service) kann OpenNebula eingesetzt werden, um private, öffentliche oder hybride Clouds zu erstellen.

OpenNebula orchestriert Speicherungs-, Netzwerk-, Virtualisierungs-, Monitoring, und Sicherheits- Technologien zum Deployment von Multi-Tier Services (z.B. von Computerclustern) als Virtuelle Maschinen auf verteilten Infrastrukturen. Dabei werden Ressourcen von Datacentern und Clouds anhand von definierbaren Regeln allokiert.

In einem Bericht der Europäischen Kommission zur Zukunft von Cloud-Computing steht:

„Only few cloud dedicated research projects in the widest sense have been initiated – most prominent amongst them probably OpenNebula."

„Nur wenige Forschungsprojekte im weitesten Sinne zum Thema Cloud wurden initiiert - das prominenteste unter ihnen ist wohl OpenNebula."

– *European Commission Expert Group Report: "The Future of Cloud Computing"*

Die Werkzeugsammlung umfasst Funktionen zur Integration, Wartung, Skalierung, Sicherheit und zum Accounting. Es wird außerdem Wert auf Standardisierung, Interoperabilität und Portabilität gelegt, wodurch Nutzer einer OpenNebula-basierten Cloud die Wahl zwischen verschiedenen weit verbreiteten Cloud-APIs haben (EC2 Query, OGF OCCI und vCloud) und Hypervisoren (Xen, KVM und VMware). Die flexible Architektur erlaubt es verschiedene Hard- und Softwarekombinationen in einem Datacenter zu vereinen.

Das OpenNebula-Projekt hat im Google Summer of Code 2010 eine Mentoren-Rolle eingenommen.

OpenNebula wird gesponsert von C12G.

Einsatz

OpenNebula wird von folgenden Organisationen und Projekten eingesetzt:
- 4CaaSt
- BonFIRE
- CERN
- CESGA
- D-Grid Resource Center Ruhr
- Deltacloud
- RESERVOIR
- SARA
- StratusLab

OpenNebula ist in folgenden software Distributionen enthalten:
- Debian Sid
- Ubuntu Natty

Von „http://de.wikipedia.org/wiki/OpenNebula"

OpenStack

OpenStack ist ein Softwareprojekt, welches eine freie Architektur für Cloud Computing zur Verfügung stellt. Initiiert wurde es von Rackspace Cloud sowie der NASA und wird von diversen anderen Firmen, unter anderem Dell, Citrix, AMD und Intel, unterstützt. Zuletzt trat Hewlett Packard im Juli 2011 OpenStack bei. Entwickelt wird der Stack in Python als freie Software und ist unter der Apache License lizenziert. Die Entwicklung ist derzeitig sehr stark auf die Linuxdistribution Ubuntu in der Version 10.04 LTS (Lucid Lynx) ausgerichtet, welche als Referenzsystem dient.

Komponenten

OpenStack setzt sich aus den beiden Komponenten *Compute* und *Object Storage* zusammen, welche sich um die Virtualisierung sowie die Bereitstellung von Storage kümmern und auch unter den Bezeichnungen *Nova* und *Swift* bekannt sind.

Bei Compute, momentan auch unter dem Namen Nova bekannt, handelt es sich um den Teil des Stacks, der Gruppen von virtuellen Maschinen verwalten kann.

Die virtualisierten Systeme können über beliebige viele sog. Compute-Knoten verteilt werden. Als Hypervisoren werden unter anderem KVM und Xen unterstützt, deren Ansteuerung über die libvirt erfolgt. Seit dem Bexar-Release wird auch Hyper-V von Microsoft unterstützt.

Zur Bereitstellung von Storage für die virtuellen Maschinen kann z.B. iSCSI, SheepDog oder das im gleichen Projekt entwickelte Swift verwendet werden. Der Dienst *Glance*, der zum Auffinden, Registrieren sowie Empfangen von Images verwendet wird, vereinfacht die Anbindung an den Object Storage.

Die Verwaltung erfolgt über eine REST API, die mit dem CLI von Eucalyptus angesteuert werden kann. Graphische Oberflächen befinden sich in der Entwicklung, derzeitig ist bereits eine Extension für MediaWiki sowie das OpenStack Dashboard verfügbar. Für den Betrieb von Nova sind weitere Komponenten notwendig. Diese sind eine Datenbank, z.B. Redis oder MySQL, RabbitMQ und memcached.

Swift ist der sog. *Object Storage*, der von Nova genutzt werden kann. Dieser ist für die redundante Datenspeicherung verantwortlich.

Für die Dateiverwaltung kann z.B. Cyberduck verwendet werden.

Von „http://de.wikipedia.org/wiki/OpenStack"

Open Cirrus

Open Cirrus ist eine Initiative, die es sich zum Ziel gesetzt hat, zu Forschungszwecken einen kompletten Open Source-Cloud Computing-Stack zu entwickeln. Dienste wie Amazons EC2 ermöglichen es, Forschung auf allen Ebenen oberhalb von IaaS zu betreiben, bieten aber keine Möglichkeit auf die tieferliegenden Schichten zuzugreifen. Gleiches gilt bspw. für die Google App Engine, die noch weiter oben aufsetzt (PaaS).

Beteiligte Unternehmen und Institutionen

An dem Projekt beteiligt sind HP Labs, Intel Research, Yahoo Research, University of Illinois at Urbana-Champaign, Karlsruher Institut für Technologie, Infocomm Development Authority, Electronics and Communications Research Institute, Malaysian Institute for Microelectronic Systems und Russische Akademie der Wissenschaften.

Von „http://de.wikipedia.org/wiki/Open_Cirrus"

Platform as a Service

```
Cloud Anwendungen
- Software as a Service (SaaS) -

Cloud Plattformen
- Platform as a Service (PaaS) -

Cloud Infrastruktur
- Infrastructure as a Service (IaaS) -
```
Cloud Computing Architektur

Platform as a Service (PaaS) ist die zur Verfügungstellung einer Computer Plattform in der Cloud für Webanwendungsentwickler. PaaS Angebote bieten eine schnell einsetzbare Laufzeitumgebung für Webanwendungen mit geringem administrativen Aufwand und ohne Anschaffung der darunterliegenden Hard- und Software. Sie unterstützen den gesamten Softwarelebenszyklus vom Design, der Entwicklung, dem Test, der Auslieferung bis hin zum Betrieb der Webanwendungen über das Internet. Platform as a Service ist ein Teil von Everything as a Service.

Einige Angebote beinhalten auch Dienste zur Teamkollaboration, Versionierung, Monitoring und Sicherheit oder Middleware Dienste zum Speichern von Daten oder zur Kommunikation zwischen Anwendungen. PaaS Angebote bauen auf einer skalierbaren Infrastruktur (IaaS) von Speicher und Rechenleistung auf und können somit auch skalieren. Aufbauend auf einer PaaS Umgebung können Software as a Service (SaaS) Angebote entstehen. Somit ist PaaS die mittlere Schicht im Cloud Stack.

Bedeutung

Zwischen Oktober 2009 und Oktober 2010 haben mehr als 100 PaaS Anbieter den Markt betreten. Sie treten an um ihren Kunden möglichst viele administrative Aufgaben abzunehmen, Skalierbarkeit und Hochverfügbarkeit zu ermöglichen, Fixkosten zu senken, Gesamtkosten zu senken, mehr Flexibilität zu geben, sowie eine schnelle Anwendungsentwicklung und einen schnellen Markteintritt zu ermöglichen. Damit wird es den Kunden ermöglicht, sich mehr auf die eigentliche Entwicklung von Geschäftsanwendungen zu konzentrieren, statt sich um Frameworks, Middleware, oder den Betrieb von skalierbaren, zuverlässigen und kosteneffizienten Rechenzentren zu kümmern.

Momentan werden PaaS Angebote nur von „leading-edge users" genutzt, da „mainstream users" den aktuellen PaaS Angeboten noch skeptisch gegenüber stehen. Gartner sieht die mehr visionären Independent Software Vendors (ISVs) als Schlüssel für die Akzeptanz des PaaS Modells, da diese ihre Anwendungen über die Cloud anbieten werden. Erst durch diese SaaS Angebote wird die Cloud auch für andere IT Projekte attraktiv.

Im Jahr 2009 hatte das Thema Cloud Computing insgesamt einen Höhepunkt auf der Gartner Hypekurve. Es gab viele Enttäuschungen über die Leistungsfähigkeit des Cloud Computings, aber auch positive Auswirkungen. In Japan haben bereits große Unternehmen damit begonnen PaaS Angebote wie Force.com zu nutzen um Kundenanwendungen ortstransparent, an eine Vielzahl von Nutzern zu bringen. Dabei hat sich herausgestellt, dass sich PaaS Angebote momentan nur für in sich abgeschlossene Anwendungen eignen, die keine komplexe Datenverarbeitung und kein komplexes Anwendungsdesign benötigen. Die Daten, die diese Anwendungen benötigen, werden meist noch über einen ETL Prozess aus den eigenen Rechenzentren der Unternehmen bezogen, da sie zusammen mit anderen benötigten Anwendungen noch nicht in der Cloud verfügbar sind.

Abgrenzung zu IaaS und SaaS

Eine Abgrenzung von PaaS zu IaaS Angeboten ist schwer, da viele PaaS Angebote die Dienste von darunterliegenden IaaS Angeboten nutzen und nur bündeln. Allerdings bieten die meisten PaaS Angebote keinen direkten Zugriff auf das Betriebssystem und die angebotenen PaaS Dienste sind nur über APIs ansprechbar. Die Konfiguration von PaaS Diensten kann sowohl über eine Weboberfläche, als auch selbst wieder über eine API vorgenommen werden. Der Nutzer einer PaaS Umgebung muss sich nicht um das Betriebssystem, die Middleware und Laufzeitumgebung für seine Anwendung kümmern, wie es bei IaaS Angeboten der Fall ist.

Um PaaS Angebote von SaaS Angeboten abzugrenzen kann die Zielgruppe herangezogen werden. SaaS Anwendungen sind in der Regel explizit für Endanwender gedacht, besitzen eine graphische Benutzungsschnittstelle und können auf IaaS oder PaaS Angeboten aufbauen. Dahingegen sind PaaS Angebote für Entwickler gedacht und bieten ihnen eine Entwicklungsumgebung sowie einen Container für ihre Anwendungen und weitere Middleware-Dienste an. Entwickler können somit ihre gesamte Anwendungen in eine PaaS Umgebung verteilen. Der Zugriff auf diese Middleware-Dienste geschieht über APIs.

Es existieren allerdings auch SaaS Angebote wie Google Docs, die Entwicklern Schnittstellen zur Verfügung stellen, diese sind allerdings meist dafür gedacht die SaaS Anwendung zu erweitern oder mit ihr zu kommunizieren (siehe Add-on PaaS). Auch SaaS Anwendungen ohne graphische Benutzerschnittstelle sind denkbar aber nicht weit verbreitet.

Typen

Application PaaS (aPaaS) / Stand Alone Umgebungen

Unter aPaaS versteht man eine Cloud Umgebung zum Erstellen und Betreiben von Geschäftsanwendungen, die durch eine graphische Benutzungsschnittstelle oder durch eine Programmierschnittstelle (API) Anwendern zur Verfügung gestellt wird. Ein Beispiel wäre eine Webanwendung zum Verwalten von Terminen welche in der Google App Engine laufen könnte.

Integration and Governance PaaS

(iPaaS)

Im Gegensatz dazu steht iPaaS als Cloud Umgebung zum Vermitteln zwischen heterogenen Cloud-basierten Anwendungen durch Interoperabilität, Integration und Governance. Ein Beispiel wäre ein Adapter der verschiedene Cloud Dienste wie auch On Premise Dienste verbindet und dies wiederum als Cloud Dienst anbietet ohne dabei zwangsläufig eine graphische Benutzungsschnittstelle zur Verfügung zu stellen. iPaas soll dabei die bisherige Integrations-Middleware ablösen und gemäß dem Cloud Paradigma hochskalierbar sein. Ein erster Anbieter solcher Lösungen ist Mule iON.

Add-on Entwicklungsumgebungen

Add-on Entwicklungsumgebungen erlauben es bestehende Software as a Service (SaaS) Anwendungen anzupassen. Dies geschieht ähnlich wie die Anpassung von zum Beispiel Microsoft Word oder Lotus Notes durch Makrosprachen oder von außen durch von der SaaS Anwendung zur Verfügung gestellte APIs. PaaS Entwickler benötigen hierzu meist Zugriff auf die SaaS Anwendung selbst über ein Abo oder eine kostenlose Entwicklerlizenz.

Reine Anwendungsbereitstellung

Einige PaaS Angebote unterstützen nicht die Entwicklung, das Debugger oder Testen von Anwendungen, sondern bieten nur den Betrieb von Anwendungen in einer skalierbaren Umgebung und zum Beispiel Sicherheitsdienste an.

Offenes PaaS

Bei offnen PaaS Angeboten wird dem Entwickler keine Programmiersprache, kein Datenbanksystem und auch kein Betriebssystem oder Server vorgegeben.

Aufbau, Eigenschaften und Besonderheiten

Laufzeit- und Entwicklungsumgebung

Mit der Unterteilung von PaaS in Entwicklungs- und Ausführungsumgebung soll ermöglicht werden sich auf eine Entwicklungsumgebung, wie zum Beispiel Django, festzulegen aber bei der Wahl der Ausführungsumgebung flexibel zu sein und hier auch zwischen Anbietern zu wechseln.

Um eine hohe Ausfallsicherheit zu erreichen, müssen von jeder Anwendung mindestens zwei Instanzen laufen, damit im Falle eines Fehlers bei einer Instanz die andere Instanz übernehmen kann. Da Anwendungen in PaaS Umgebungen in der Regel sowohl Rechendienste, wie auch Datendienste und andere Middleware Dienste benötigen, ist zu beachten dass beim Ausfall eines der genutzten Dienste auch die Verfügbarkeit des Gesamtsystems darunter leiden kann. Die Anbieter versprechen in ihren SLAs in der Regel nur eine Verfügbarkeit von 99,5 %, 99,9 % oder 99,95 % für jeden einzelnen Dienst, nicht aber für alle Dienste zusammen. Bei anbieterseitigen Verletzungen der SLAs werden meist nur Gutschriften zwischen 10 % und 25 % auf die Monatsrechnung erstattet.

Programmiermodell

Das Programmiermodell in der Cloud ist vergleichbar mit Enterprise Anwendungen (Cluster aus Application Servern mit Load Balancer), da beide skalierbar und ausfallsicher sein müssen. Um also skalierbare Anwendungen in der Cloud betreiben zu können, müsse diese auf Asynchronität und Zustandslosigkeit setzen. Ansonsten erreicht man lediglich ein Hosting in einer Cloud-Umgebung ohne gute Skalierbarkeit und Ausfallsicherheit.

Das Windows Azure Programmiermodell verlangt zum Beispiel drei Dinge um die garantierte Skalier- und Ausfallsicherheit zu gewährleisten. Erstens muss eine Anwendung in eine oder mehrere logische Rollen unterteilt werden, zweitens müssen mehrere Instanzen einer Rolle gleichzeitig laufen und drittens muss die Anwendung sich auch noch korrekt verhalten, wenn eine Instanz einer Rolle abstürzt. Zusätzlich darf die Anwendung keinen Zustand speichern, da der Load Balancer im Gegensatz zu zum Beispiel Amazons Elastic Beanstalk keine Sticky Sessions/Cookies verwendet.

Veränderungen am Betriebssystem müssen, sofern sie überhaupt möglich sind, bei jedem Start einer Instanz vorgenommen werden und Daten, wenn sie lokal gespeichert werden können, sind in der Regel nicht für alle Instanzen verfügbar und können beim Neustart einer Instanz verloren gehen. Um die Kommunikation zwischen Instanzen zu ermöglichen, muss in der Regel auf eine Message Queuing System gesetzt werden, welche zum Teil sogar eine at-least-once Semantik verfolgen müssen und somit die Verarbeitung der Messages idem potent sein muss.

Beim Aufbau einer PaaS Umgebung können also in der Regel bestehende Enterprise Programmiermodelle wie JEE oder .NET verwendet werden, jedoch muss sich der Entwickler eventuell auf Änderungen einstellen wenn er bisher noch keine skalierbaren Anwendungen entwickelt hat.

Entwicklungsprozess

Der Entwicklungsprozess ändert sich kaum im Vergleich zur Anwendungsentwicklung für Application Server, wie zum Beispiel JEE. Anwendungen werden lokal spezifiziert, entworfen, entwickelt, getestet, paketiert und schließlich in die Cloud Plattform deployed. Viele Anbieter wie Google App Engine, Windows Azure oder Amazons Elastic Beanstalk erlauben es mehrere verschiedene Versionen der gleichen Anwendung parallel laufen zu lassen um so zum Beispiel eine Live-, Stage- und Testumgebungen anzubieten und damit auch eine Rollback-Möglichkeit zu einer früheren Version zu ermöglichen. Die großen Anbieter bringen auch direkte Unterstützung für IDEs mit um die Anwendungen direkt aus der IDE in die Cloud Umgebung zu deployen.

Ein PaaS Anbieter muss also dafür sorgen, alle Versionen einer Anwendung zu speichern und kann zusätzlich über eine IDE Komfortfunktionen anbieten um die Anwendungen leicht aus der IDE heraus zu verteilen.

Der Aufwand um eine On Premise Lösung so in die Cloud zu portieren, dass sie dort auch skaliert, kann abhängig vom verwendeten Programmiermodell von wenigen Stunden bis zur kompletten Neuentwicklung reichen.

Um den Aufwand bei beschränkt benötigter Skalierbarkeit zu minimieren gibt es Multi-Tenancy Patterns die zum Beispiel nicht mandantenfähige Anwendungen mit geringem Aufwand mandantenfähig macht, allerdings unter der Prämisse eingeschränkter Skalierbarkeit.

Laufzeitumgebung

Die Laufzeitumgebung einer PaaS Umgebung kann über APIs oder eine Weboberfläche konfiguriert werden. So können zum Beispiel Anwendungen gestartet und beendet oder die maximale und minimale Anzahl an Instanzen festgelegt werden. Auch das Monitoring und die damit verbundene Autoskalierbarkeit der Anwendungen kann über APIs oder eine Weboberfläche erfolgen.

Einige Laufzeitumgebungen wie JEE in der Google App Engine bieten nur eine Teilmenge der eigentlichen Laufzeitumgebungen um die Skalierbarkeit und Ausfallsicherheit zu gewährleisten. So ist es zum Beispiel in der Google App Engine nicht erlaubt Java Threads zu starten oder direkt auf das Datei- oder Betriebssystem zuzugreifen. Diese Einschränkungen werden meist durch separate APIs ausgeglichen um die Funktionen dennoch anzubieten aber die Skalierbarkeit und Ausfallsicherheit nicht zu gefährden. Auch können über solche APIs Quotas wie für HTTP Requests oder E-Mail Versand durchgesetzt werden, welche die Stabilität der Laufzeitumgebung garantieren. Einige Anbieter bieten noch zusätzliche APIs für Dienste wie Memcache oder Bildverarbeitung an. Gebündelt werde alle anbieterspezifischen APIs zusammen mit den Laufzeitumgebungen in SDKs.

Der Nachteil dieser Anpassungen der Laufzeitumgebungen ist eine erschwerte Portierbarkeit, da die zusätzlichen Dienste nicht anbieterübergreifend über einheitliche APIs verfügbar sind. Es gibt zwar Standardisierungsgremien wie openstack und Occi jedoch fokussieren diese ihre Arbeit mehr auf die Standardisierung der Management und Speicher APIs und nicht auf die Anwendungscontainer.

Persistenz

Fast jede Anwendung muss Daten speichern, allerdings kann dies in Cloud Umgebungen nicht auf der Festplatte der Laufzeitumgebung passieren, da Laufzeitumgebungen ausgeschaltet und die Anwendung auf einer anderen Laufzeitumgebung neu gestartet werden können muss. Daher bieten die meisten PaaS Anbieter verschiedene Persistenzmöglichkeiten als Dienst über eine API an. Verschiedene Dienste wie BLOB-Speicher, SQL-Datenbanken, NoSQL-Datenbanken, hochverfügbare Caches oder Memcache-Server gehören somit zum Angebot der großen PaaS Anbieter.

Die meisten Persistenzdienste der PaaS Anbieter bauen nicht auf relationalen Datenbanken auf, da diese nach dem CAP-Theorem nur zwei der drei Eigenschaften Konsistenz, Verfügbarkeit und Partitionstoleranz gleichzeitig erfüllen können, um den Skalierbarkeitsanforderungen zu genügen. In der Cloud haben sich damit vor allem Key-Value Stores beziehungsweise schemalose NoSQL-Datenbanken etabliert, welche wesentlich besser skalieren, da sie die ACID Kriterien nicht voll einhalten müssen.

Da viele Kunden dennoch SQL-Datenbanken für die einfache Anwendungsmigration in die Cloud verlangen, werden mittlerweile auch diese angeboten, jedoch mit einer schlechteren Performance als die Key-Value Stores. Auch die BLOB-Speicher der PaaS Anbieter, wie der S3 Dienst von Amazon, nutzen in der Regel keine Standardsoftware oder -protokolle, sondern verfügen über eine anbieterabhängige API. Um die Portierbarkeit der Anwendungen von einem zum nächsten PaaS Anbieter zu erleichtern wird im Java Umfeld oft die JPA oder JDO API von den einzelnen Anbieter für ihre Datenbanken implementiert.

Nebenläufigkeit und Kommunikation zwischen Anwendungsinstanzen

Damit die Antwortzeit von Anwendungen für den Endnutzer immer akzeptabel ist, brauchen einige Anwendungen für größere Berechnungen die Möglichkeit diese asynchron zu starten. In Cloud Umgebungen kann jedoch jederzeit eine Anwendungsinstanz heruntergefahren werden und somit kann die Berechnung vor der Beendung abgebrochen werden. Außerdem bietet zum Beispiel die Google App Engine keine Möglichkeit neue Threads in seiner Anwendungen zu starten um die Stabilität der Google App Engine nicht zu gefährden.

Um die Ausführung von asynchronen Berechnungen zu garantieren oder diese überhaupt zu ermöglichen bieten die meisten PaaS Anbieter eine Messaging Infrastruktur an. Die Google App Engine erlaubt das Anstoßen asynchroner Aufgaben zum Beispiel mittels der Dienste Scheduled Tasks und Task Queue. Bei Amazon gibt es dazu den Amazon Simple Queue Service und bei Windows Azure die Queue Service API aus den Windows Azure Storage Services. Obwohl Windows Azure und Amazons Elastic Beanstalk es erlauben neue Threads zu starten, empfiehlt es sich Message Queues aus den oben genannten Gründen zu verwenden um eine bessere Skalierbarkeit zu erreichen.

Zugriffsschicht

Der Zugriff auf Anwendungen in der Cloud geschieht über das Internet oder unternehmensintern auch über das Intranet. Dabei spielen vor allem Web- und Netzwerk-Protokolle wie HTTP/S und TCP/IP eine Rolle, aber auch Protokolle für Spezialanwendungsfälle wie XMPP oder WebSocket werden zum Teil unterstützt.

Die bedeutendste Rolle spielt hier das HTTP Protokoll, da auf Anwendungen die in eine PaaS Umgebung deployed werden, in der Regel per HTTP zugegriffen wird. Das HTTP Protokoll wurde als Zugriffsprotokoll für Ressourcen im Internet geschaffen und eignet es sich somit auch für Cloud-Anwendungen. Protokolleigenschaften wie Zustandslosigkeit und Caching unterstützen eine skalierbare Infrastruktur, so kann ein Load Balancer HTTP Anfragen an entsprechende Instanzen der Anwendungen zustandslos weiterleiten oder ein CDN die Ressourcen nah an den Nutzer bringen.

Um die Cloud-Umgebungen stabil zu halten, wird auch hier wieder von einigen Anbietern der Netzwerkzugriff aus Anwendungen heraus eingeschränkt und über anbieterabhängige APIs in einer kontrollierten Art und Weise wieder zur Verfügung gestellt. Die Google App Engine erlaubt zum Beispiel keine freie Netzwerkkommunikation, hierfür muss eine API von Google genutzt werden, die HTTP/S (URL Fetch), XMPP und WebSocket (Channel) unterstützt.

Um die Sicherheit von Anwendungen zu erhöhen erlauben es Anbieter wie Amazon gängige Firewall-Einstellungen, wie Black- oder Whitelisting von IP-Adressbereichen oder TCP/UDP-Port Beschränkung, zu tätigen. Somit kann der Zugriff auf eine Anwendung sicherer und auf das eigene Unternehmen eingeschränkt werden. Auch IPsec VPN gesicherte Verbindungen zwischen der Public Cloud und der On Premise Infrastruktur sind zum Beispiel mit Amazons Virtual Private Cloud Dienst möglich.

Außerdem gibt es Dienste wie Windows Azure Connect (beta) um die direkte Kommunikation zwischen Public Cloud und On Premise Diensten über das IP Protokoll zu ermöglichen. So kann zum Beispiel eine Public Cloud Anwendung auf eine On Premise Datenbank oder On Premise Active Directory zugreifen.

Mandantenfähigkeit (Multi-Tenancy)

Da nicht nur einzelne Firmen ihre innerbetrieblichen Anwendungen in die Cloud auslagern, sondern auch ISVs bei neuen Anwendungen gern auf Cloud Plattformen zurückgreifen, werden Mittel benötigt um Mandantenfähigkeit zu ermöglichen.

Dabei können Mandanten sitzungsabhängig- oder sitzungsunabhängig einzelnen Anwendungsinstanzen zugeordnet werden (Multiple Instances Multi-Tenancy) oder aber der Anwendung ist bewusst, dass sie mehrere Mandanten bedient (Native Multi-Tenancy), dann kann der Request von irgendeiner, nicht vorher festgelegte Anwendungsinstanz, verarbeitet werden. Die Art der Mandantenbedienung hat große Auswirkungen auf die Skalierbarkeit und es spielen auch Aspekte wie Datensicherheit, Performance Isolation, Verfügbarkeit, SLAs oder Anwendungskonfigurationen eine große Rolle. Die Daten der einzelnen Mandanten dürfen nicht vermischt werden, die Performance sollte auf alle Mandanten gleich verteilt werden und trotzdem soll jeder Mandant seine Anwendung individuell konfigurieren können.

PaaS Anbieter wie Google reagieren hierauf zum Beispiel mit Namensräumen. So kann jeder Mandant eine Subdomain als Namensraum zugewiesen bekommen. Danach ist nur noch der Zugriff auf mit diesem Namensraum verbundene Objekte des Datastore, Memcaches oder der Task Queue zugelassen. Somit ist auf einer höheren Ebene, als der Anwendung an sich, sichergestellt, dass keine Kunde Zugriff auf die Daten anderer Kunden erhält. Alternativ kann auch auf verschiedene Patterns zurückgegriffen werden.

Weitere Probleme, die eine Cloud Plattform lösen soll ist das gleichzeitige Betreiben mehrerer Versionen einer Anwendung. Dies ist zum Einen beim Entwickeln von Anwendungen von Vorteil um Tests wie Regressionstests durchzuführen, es bietet eine Möglichkeit zum Rollback, falls im Live-Betrieb nach der Umstellung auf die neuste Version Fehler auftreten und es bietet Mandanten die Möglichkeit selbst zu bestimmen, wann sie auf eine neue Version umsteigen wollen.

Kosten

Der Betrieb einer kleinen Webanwendung mit einer Recheninstanz, 15 GB ein- und 15 GB ausgehendem Traffic und 1 GB Speicher kostet bei Anbietern wie Google, Amazon oder Microsoft zwischen US$ 38 und US$ 65.

Kritik

Eine Unterstützung in Form von technischen Anleitungen oder gar Tools zur Migration von On Premise Anwendungen zu PaaS Anwendungen haben die meisten Anbieter nicht im Programm. Sie bieten lediglich Tools um Daten in die Cloud zu im- und exportieren und virtuelle Maschinen Images in die Cloud zu laden. Dies allein lässt die Anwendungen an sich aber noch nicht skalieren, sondern ist eher mit einer Remote Hosting Lösung vergleichbar.

Die großen PaaS Anbieter bieten alle grundlegende Funktionen um einfache Webanwendungen in der Cloud laufen zu lassen. Professioneller Support wird auch von vielen Diensten angeboten, wenn auch zum Teil in einer Beta-Phase. Die generelle Datenschutz-Problematik beim Cloud Computing wird von den Diensten für deutsche Unternehmen jedoch nicht angegangen, da die Daten nicht in deutschen Rechenzentren liegen, was für viele Unternehmen wichtig ist.

Vorsicht gilt bei einigen Diensten, die zwar angeben PaaS Angebote zu haben, wo aber im Endeffekt nur ein Off Premise Hosting ohne Skalierbarkeit dahintersteckt.

Verweise

Von „http://de.wikipedia.org/wiki/Platform_as_a_Service"

reCAPTCHA

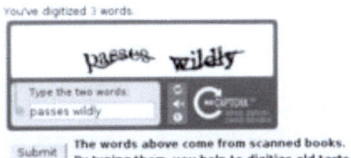

Beispiel einer *reCAPTCHA*-Eingabebox

reCAPTCHA ist ein CAPTCHA-Dienst von Google, um Bücher zu digitalisieren.

Hintergrund

Da mittlerweile laut einer Hochrechnung der Carnegie Mellon University Internetnutzer weltweit pro Tag 150.000 Stunden damit verbringen, CAPTCHAs zu lösen, werden Überlegungen angestellt, wie diese Arbeitsleistung sinnvoll eingesetzt werden kann. Der Informatiker Luis von Ahn hat dazu ein System namens *reCAPTCHA* programmiert, das bei der Buch-Digitalisierung eingescannte Wörter, die die Texterkennungssoftware nicht erkennt, durch die Eingabe von CAPTCHAs optimiert. Auf jedem CAPTCHA sind zwei Wörter abgebildet: Eines, das dem System bereits bekannt und bestätigt ist, das andere ist ein unerkanntes Wort aus einem Buch.

Durch die Lösung des zusätzlichen Wortes ist es naheliegend zu vermuten, dass mehr Zeit verwendet wird, um eine Lösung zu finden. Da es sich allerdings um Wörter und nicht um zufällige Buchstaben- und Zahlenkombinationen handelt, fällt es dem Benutzer leichter und ist somit auch schneller, zwei Wörter gleichzeitig zu lösen.

Der Nutzer beteiligt sich daran, durch dieses CAPTCHA kostenlos für das Gemeinwohl am Schrifterkennungsprojekt reCAPTCHA mitzuwirken (siehe Crowdsourcing). Zurzeit werden mit reCAPTCHA Bücher aus dem Internet Archive digitalisiert. Es gibt Plugins zur Integration in populäre Webapplikationen wie Lifetype, WordPress, TYPO3, Drupal, vBulletin, phpBB, Joomla oder MediaWiki. Viele Millionen Menschen beteiligen sich so an dem Projekt, ohne die genaue Absicht des Projekts zu kennen, und stellen ihre Leistung, die sie ohnehin zur Eingabe erbringen müssen, zur Verfügung.

Am 17. September 2009 wurde bekannt, dass Google die Firma reCAPTCHA kauft. Der Kauf ist für Google interessant, da das Unternehmen selbst Bücher für seine Buchsuche digitalisiert.

Das Problem, herauszufinden, ob die Eingabe eines Nutzers korrekt ist, lässt sich statistisch lösen: Die Wortkombination wird innerhalb eines sehr kurzen Zeitraums mehreren Benutzern zugleich präsentiert und die häufigste Eingabe wird als richtig angenommen.

Kritisiert wird an Google, dass der reCAPTCHA Account nur noch in Verbindung mit einem Google Account nutzbar ist und neue Accounts nur mit einem Google Account erstellt werden können.

Von „http://de.wikipedia.org/wiki/ReCAPTCHA"

Salesforce.com

Salesforce.com ist ein internationaler Anbieter von Cloud Computing Lösungen für Unternehmen. Das Unternehmen mit Hauptsitz in den USA stellt Geschäftsanwendungen für Unternehmen zur Miete über das Internet zur Verfügung. Salesforce.com versteht sich als Anbieter von Software as a Service und Platform as a Service und ist vor allem auf Kundenbeziehungsmanagement (CRM) für Unternehmen jeder Größe spezialisiert. Die Produkte und Dienstleistungen von salesforce.com sind mandantenfähig.

Unternehmensgeschichte

Salesforce.com wurde 1999 von dem ehemaligen Oracle-Manager Marc Benioff, dem heutigen CEO, gegründet. Er setzte das Konzept um, Unternehmensanwendungen über das Internet bereitzustellen. Heute wird dies als Cloud Computing oder Software as a Service bezeichnet. Marc Benioff selbst nennt es das "Das Ende der Software". Mit einem Umsatz von rund 1,8 Milliarden US-$ und rund 97.700 Kunden, ist salesforce.com eines der am schnellsten wachsenden Unternehmen weltweit.

Neben dem Hauptsitz in San Francisco unterhält salesforce.com Büros in Morges (Schweiz), Singapur (Asien-Pazifik) und Tokio (Japan). Weitere große Büros befinden sich in Toronto, New York, London, Paris, Dublin und Sydney. Die deutschen Niederlassungen befinden sich in München, Düsseldorf und Frankfurt. Das Unternehmen bietet seine Dienstleistungen in 16 verschiedenen Sprachen an.

Akquisitionen

Folgende Firmen wurden von Salesforce.com übernommen:

- Radian6 (März 2011) – Anbieter von Social Media Monitoring
- Dimdim (Januar 2011) - Webkonferenzplattform
- Heroku (Januar 2011) – Programmierplattform für Ruby-on-Rails
- InStranet (August 2008) – Technologie für Salesforce Knowledge

Produkte und Dienstleistungen

Salesforce.com bietet Unternehmen webbasierte Geschäftsanwendungen als Dienstleistung über das Internet an. Diese Unternehmenslösungen verfügen über Mandantenfähigkeit, die Vorteile hinsichtlich Zeit, Kosten und Sicherheit gegenüber installierter Software mit sich bringen soll.

Sales Cloud für Kundenbeziehungsmanagement

Salesforce.com bietet für das Kundenbeziehungsmanagement die webbasierte Lösung „Sales Cloud". Nutzer können über ihren PC oder mobile Endgeräte wie z. B. Smartphones Kundendaten und -aufträge abrufen und bearbeiten.

Service Cloud für Kundenservice
Die Service Cloud für Kundenservice ist ein Produkt, das neben klassischen Varianten wie Telefon, E-Mail oder auch Brief auch Online-Foren und soziale Netzwerke in den Service einbezieht. Diese Netzwerke werden in die Service Cloud integriert und ermöglichen Unternehmen an Kundendiskussionen über soziale Netzwerke teilzunehmen.

Salesforce Chatter für Zusammenarbeit in Unternehmen
Salesforce Chatter orientiert sich am Prinzip von Facebook. Unternehmensinterne Kommunikation kann unabhängig vom Standort über mobile Endgeräte wie Blackberrys, Apple iPhones oder andere Smartphones erfolgen. Salesforce Chatter verfügt über ähnliche Funktionen wie Facebook: Mitarbeiter können Nutzerprofile anlegen, Gruppen beitreten und Personen, Projekten oder Dokumenten, an denen sie gerade arbeiten, „folgen". Sie werden über Echtzeit-Feeds über Statusupdates informiert.

Force.com
Force.com ist eine Software-Entwickler- und Betriebsplattform von salesforce.com. Entwickler können damit Geschäftslösungen entwickeln und betreiben, wobei die Infrastruktur von salesforce.com verwendet wird. In Force.com sind unter anderem folgende Werkzeuge integriert: die Java-ähnliche Programmiersprache Apex, verschiedene Entwicklertools wie zum Beispiel VisualForce für die Entwicklung eines GUIs und Methoden wie etwa Benutzerverwaltung, Datenmanagement, Workflows und Reporting. Für Anpassungen und Integration von salesforce.com-Lösungen in bestehende IT-Umgebungen bzw. an andere Systeme stehen weitere Entwicklerwerkzeuge zur Verfügung, unter anderem:
- WebServices APIs
- VisualForce
- Force.com Toolkit for Google Data APIs
- Force.com IDE Plugin for Eclipse

AppExchange
Über die AppExchange-Plattform, dem Marktplatz für Unternehmens-Anwendungen können zusätzliche Online-Anwendungen von salesforce.com oder Partnern getestet und genutzt werden. Auf der AppExchange wurden bisher 1120 (Stand: Januar 2011) Applikationen programmiert, die zum Teil kostenlos, zum Teil kostenpflichtig zur Verfügung stehen.

Beispiele für On-Demand-Lösungen anderer Anbieter, die auf AppExchange erhältlich sind:
- Salesforce Integration für SAP, Pervasive Software (ERP-Software), in Deutschland von mindsquare angeboten
- Salesforce Integration mit anderen Anwendungen wie SAP, Oracle, Legacy Anwendungen & Co. mit iBOLT von Magic Software
- Informatica Integration Pack für Salesforce, Informatica (ERP-Software)
- CODA Integrator für Salesforce CRM, CODA (Finanzverwaltung)
- NetExam 1.02, MediaDefined (Partner-Training)
- Ribbit für Salesforce, Ribbit (Mobile-Device-Lösung)
- Jobscience TalentCentral, Jobscience (Mitarbeiter-Rekrutierung)
- STARFACE Telefonie Connector (Integriert Telefonie in salesforce)
- SKYVVA Integration Suite zur Integration von Salesforce mit SAP, Infor, Abacus, u.a. (native Force.com Applikation)

Auszeichnungen
Folgende Auszeichnungen hat salesforce.com erhalten (Auswahl):
- Ethisphere Institute, 2011 World's Most Ethical Companies
- Fortune, 100 Best Companies to Work For 2011
- Fortune Ranking: 100 Fastest-growing companies 2010
- Salesforce.com ist der erste Cloud Anbieter mit dem TÜV-Gütesiegel „Geprüfter Datenschutz Cloud Computing V1.0"
- Gartner Magic Quadrant for Sales Force Automation, 2010 – „Leader"
- Gartner Magic Quadrant for Enterprise Application Server, 2Q08 – "Visionär" mit Force.com
- Gartner Magic Quadrant for Sales Force Automation 2008 – "Leader" in Vertriebsautomatisierung vor Oracle, SAP und Microsoft
- CODIE Software & Information Industry Association Codie Award for Best CRM, sechsmal in Folge, 2002 – 2007
- Codie Award for Best On-demand Platform, 2007
- The Wired 40, dreimal in Folge, 2005 – 2007 (Platz 7 im Jahr 2007)
- Forbes Top Ten Disrupters, 2006 – 2007
- Forbes 25 Fastest Growing Tech Companies, 2007 (Platz 3)
- CRN Top 25 Tech Breakthroughs Of All Times, 2007 (SaaS)
- BusinessWeek Top 100 Most Innovative Companies, 2006 (Platz 79)
- CRM Magazine Market Leader, in den Kategorien Enterprise CRM (CRM für Unternehmen), Midsize CRM (mittlere CRM-Lösungen) und Sales Force Automation (Vertriebsautomatisierung), 2006
- Forbes Top Ten Disrupters, 2006
- Harvard Business School Association of Northern California, Entrepreneurial Company of the Year, 2005

Stiftung
Salesforce.com unterstützt insbesondere Jugendförderprogramme über die Salesforce-Stiftung. Die Salesforce-Stiftung beruht auf dem sogenannten 1/1/1 Modell. Das bedeutet, das Unternehmen 1 % ihrer Ressourcen für gemeinnützige Projekte bereitstellen. 1 % der Zeit, das entspricht sechs der bezahlten freien Tage der Mitarbeiter für die Unterstützung gemeinnütziger Projekte. 1 % der Produkte stellt salesforce.com Non-Profit-Organisationen kostenfrei zur Verfügung. Und 1 % des Eigenkapitals fließt beispielsweise an Gemeinden um ihnen finanzielle Mittel an die Hand zu geben. Viele Unternehmen, wie Google haben dieses 1/1/1 Modell in ihre Unternehmenskultur übernommen

Von „http://de.wikipedia.org/wiki/Salesforce.com"

ServiceSource

ServiceSource International, Inc. (NASDAQ: SREV) ist ein US-amerikanischer IT-Finanzdienstleister und Anbieter von Cloud Computing-fähigen Lösungen zur Steigerung der "*Service Revenue Performance*" für Kunden aus dem Technologiesektor, der Gesundheitsbranche und der Biotechnologie. Das kalifornische Unternehmen ist seit dem 25. März 2011 an der elektronischen Börse NASDAQ gelistet.

Die EMEA-Zentrale mit etwa 380 Mitarbeitern befindet sich seit 2005 in Dublin, Irland. ServiceSource International betreibt Servicecenter in 5 Ländern, unter anderem in den USA, Irland, Großbritannien, Singapur und Malaysia. Mit diesen Servicecentern werden über 100 Länder mit mehr als 30 Sprachen bedient. Zu den Kunden gehören unter anderem Adobe Systems, Alcatel-Lucent, AT&T, Juniper Networks sowie GE Healthcare und Siemens.

Von „http://de.wikipedia.org/wiki/ServiceSource"

Software as a Service

Software as a Service, kurz **SaaS**, ist ein Teilbereich des Cloud Computings. Das SaaS-Modell basiert auf dem Grundsatz, dass die Software und die IT-Infrastruktur bei einem externen IT-Dienstleister betrieben und vom Kunden als Service genutzt werden. Für die Nutzung wird ausschließlich ein internetfähiger PC sowie die Internetanbindung an den externen IT-Dienstleister benötigt. Der Zugriff auf die Software wird über einen Webbrowser realisiert. Für die Nutzung und den Betrieb zahlt der Servicenehmer eine nutzungsabhängige (meist pro Benutzer und pro Monat) Gebühr. Durch das SaaS-Modell werden dem Servicenehmer die Anschaffungs- und Betriebskosten teilweise erspart. Der Servicegeber übernimmt die komplette IT-Administration und weitere Dienstleistungen wie Wartungsarbeiten und Updates. Zu diesem Zweck wird die gesamte IT-Infrastruktur, einschließlich aller administrativen Aufgaben, ausgelagert, und der Servicenehmer kann sich auf sein Kerngeschäft konzentrieren.

Vergleich des traditionellen Software Lizenzmodels mit Software as a Service

Das traditionelle Software-Lizenzmodell

Im traditionellen Lizenzmodell stellen die IT-Infrastruktur, die Entwicklung von Lösungen und die Software zusammen eine komplexe, teure und riskante Investition dar. Der Kunde kauft die Software und erhält somit die Lizenz sowie das Recht zur Nutzung der Software. Der Anbieter stellt dem Kunden ein Installationspaket zur Verfügung. Für die Installation wird eine komplette IT-Infrastruktur (Hardware, Betriebssystem, Datenbank etc.) benötigt. Nach erfolgreicher Installation wird die Software entsprechend den Geschäftsanforderungen konfiguriert. Mit dem Abschluss der Softwareeinführung übernimmt das Unternehmen den kompletten Betrieb der IT-Infrastruktur und den dazugehörigen IT-Aufgaben.

Der Lizenzkauf ist meist auch mit einem Wartungsvertrag verbunden, der wiederum unkalkulierbare Folgekosten beinhaltet. Diese beinhalten die Installation neuer Releases und die Behebung von Software-Fehlern.

Software as a Service

Die Grundidee von SaaS ähnelt sehr stark einem Energieversorgungsunternehmen. Der Kunde bezieht seinen Strom nach Bedarf über die Steckdose. Dabei verwaltet der Kunde keine eigenen Stromaggregate im Hinterhof, sondern der Energielieferant übernimmt die notwendige Arbeit für die Stromerzeugung. Der Kunde nutzt ausschließlich den Strom und bezahlt hierfür eine nutzungsabhängige Gebühr.

Die beschriebene Grundidee kann gleichermaßen auf das SaaS-Modell übertragen werden (siehe Abbildung). Der Servicegeber stellt die betriebswirtschaftliche Software (z.B. ein ERP-System) in einem Rechenzentrum bereit, betreibt dieses und leistet technische Unterstützung. Er übernimmt alle notwendigen Komponenten eines Rechenzentrums: Netzwerke, Speicher, Datenbanken, Anwendungsserver, Webserver sowie Disaster-Recovery- und Backup-Services. Außerdem werden weitere operative Dienstleistungen wie Authentifizierung, Verfügbarkeit, Identitätsmanagement, Fertigungssteuerung, Patchverwaltung, Aktivitätsüberwachung, Softwareupgrades und Anpassungen durchgeführt. Der Servicenehmer installiert keine eigene Software. Für die Nutzung wird ausschließlich ein internetfähiger PC sowie die Internetanbindung an den Servicegeber benötigt. Der Zugriff auf die Software wird über einen Webbrowser realisiert. Für die Nutzung und den Betrieb zahlt der Servicenehmer eine nutzungsabhängige Gebühr.

Im Wesentlichen unterscheiden sich die oben beschriebenen Modelle darin, dass die IT-Infrastruktur und IT-Aufgaben nicht mehr durch den Servicenehmer betrieben werden, sondern durch den Servicegeber. Der Servicenehmer bezahlt nicht mehr eine gesamte Softwarelizenz, sondern eine monatliche, nutzungsabhängige Gebühr. Ein Ziel von Software as a Service ist, dass hohe Investitionskosten für die IT-Infrastruktur (z.B. Hardware, Speicher etc.) und IT-Aufgaben (z.B. Softwarewartung, Updates etc.) eingespart werden.

Preismodelle

Bei Software as a Service bezahlt der Servicenehmer eine monatliche Rate für die Nutzung der Software an den Servicegeber. Die monatliche Rate ist jedoch abhängig von der Preisgestaltung des Servicegebers, da das SaaS-Modell unterschiedliche Preismodelle anbietet:

Pro Benutzer/Monat
Bei diesem Preismodell bezahlt der Servicenehmer eine monatliche, gleichbleibende Gebühr für jeden angemeldeten Benutzer der mit der Software arbeitet. Dabei kann der Benutzer die Software unabhängig von der Anzahl der Transaktionen und der Zeit, wie eine Art „Flatrate" nutzen.

Abhängigkeit vom Funktionsumfang
Dieses Modell ist eine Erweiterung vom ersten Modell (Pro Benutzer/Monat). Hierbei zahlt der Servicenehmer auch eine monatliche, gleichbleibende Gebühr. Jedoch ist diese abhängig vom genutzten Funktionsumfang der Software. Hierzu folgendes Beispiel: Nutzt der Servicenehmer den gesamten Funktionsumfang (beispielsweise SRM, CRM, FI/CO, PRO, PM) so zahlt der Servicenehmer eine monatliche Gebühr von 133,00 € pro Benutzer. Bei zehn Benutzern würde der Servicenehmer insgesamt 1330,00 € monatlich für die Software und IT-Dienstleistungen bezahlen. Im Fall, dass der Servicenehmer ausschließlich die CRM-Lösung nutzen möchte, so kann die monatliche Gebühr reduziert werden. Bietet der Servicegeber die CRM-Lösung für beispielsweise 50,00 € an, so bezahlt der Servicenehmer für zehn Benutzer eine monatliche Gebühr von 500,00 €.

Abhängigkeit von der Anzahl der Transaktionen
Es existiert ein Preismodell, bei dem pro Transaktion abgerechnet wird. Hierbei stellt bspw. der Servicegeber eine E-Commerce-Plattform bereit, bei der der Servicenehmer Produkte verkaufen kann. Bei jeder generierten Bestellung im Shop bezahlt der Servicenehmer einen prozentualen Anteil vom Verkaufspreis.

Freemium
Bei diesem Preismodell stellt der Servicegeber eine Basis-Version kostenlos zur Verfügung und ergänzt diese durch kostenpflichtige Services.

Darüber hinaus gibt es weitere Preismodelle, wie Abrechnungen nach Datenmenge oder nach genutzter CPU-Stunde oder einen konstanten Preis über eine bestimmte Vertragslaufzeit. Weiterhin sollte beachtet werden, dass für den Servicenehmer nicht nur die oben beschriebenen Preismodelle in Rechnung gestellt werden, sondern auch Implementierungskosten bei umfangreichen Softwareprodukten.

Vor- und Nachteile von Software as a Service

Aus Sicht des Servicenehmers

Das SaaS-Modell bietet klein- und mittelständischen Unternehmen eine Vielzahl von Vorteilen gegenüber dem traditionellen Lizenzkauf:

Vorteile
- Geringes Investitionsrisiko
- Transparente IT-Kosten
- Beschleunigte Implementierung
- Verringerung der IT-Prozesskomplexität
- Mobilität
- Konzentration auf das Kerngeschäft

Der Servicenehmer hat ein geringeres Investitionsrisiko, da er für die Softwareeinführung keinerlei IT-Hardware benötigt und ausschließlich für die Einführungsberatung bezahlt. Zwei Studien der McKinsey Consulting und Yankee Group besagen, dass die Investitionskosten einer SaaS-Lösung im Vergleich zu einer On-Premise-Lösung um 30 % gesenkt werden können, unabhängig von der Benutzeranzahl. Außerdem hat der Servicenehmer transparente IT-Kosten, da er in der Regel nur für die tatsächliche Nutzung der Software bezahlt. Da SaaS-Lösungen meist standardisiert sind, können die Konfiguration und das Set-Up der Anwendung bei neuen Kunden schneller und einfacher realisiert werden als beim traditionellen Lizenzkauf. Dadurch kann die Implementierung einer SaaS-Lösung innerhalb kürzester Zeit realisiert werden. Ein weiterer Vorteil ist die Auslagerung der Prozesskomplexität, indem Wartungsarbeiten, Updates und weitere IT-Aufgaben durch den Servicegeber übernommen werden. Der Softwarezugriff über das Internet sorgt für eine hohe Mobilität, da der Servicenehmer zeit- und ortsunabhängig auf das System zugreifen kann. Mit einer ausgelagerten IT-Infrastruktur können sich Unternehmen auf ihr Kerngeschäft bzw. die Wertschöpfung konzentrieren, und somit die lästigen IT-Aufgaben umgehen. Damit ist die IT ein leicht zu handhabendes Gebrauchsgut, um Wachstum, Flexibilität, Wettbewerbsfähigkeit und somit auch die Existenz des Unternehmens zu sichern.

Nachteile
- Abhängigkeit vom Servicegeber
- Langsamere Datenübertragungsgeschwindigkeit
- Geringere Anpassungsmöglichkeiten
- Daten- und Transaktionsrisiko

Als Nachteil von Software as a Service ist zu werten, dass sich die Servicenehmer in einem Abhängigkeitsverhältnis befinden, da der Kunde nicht Eigentümer der Software ist. Es besteht die Gefahr, dass der Servicegeber das System aus einem bestimmten Grund (z.B. bei Insolvenz) abschaltet. Der Servicenehmer benötigt eine funktionierende Internetverbindung, da ansonsten eine Arbeit mit SaaS-Lösungen nicht möglich ist. Ein weiterer Nachteil ist die Übertragungsgeschwindigkeit der Daten, die bei On-Premise-Lösungen meist höher ist. Die Software as a Service-Lösungen sind meist standardisiert, sodass es wenige Anpassungsmöglichkeiten des Funktionsumfangs gibt. Ein wichtiger Aspekt ist auch die Datensicherheit. Es befinden sich vertrauliche Daten beim Servicegeber, sodass diese mit entsprechenden Sicherheitsmaßnahmen geschützt werden müssen. Daher ist vor dem Einsatz einer SaaS-Lösung zu prüfen, ob diese nach bestimmten Sicherheitsnormen geprüft worden sind. Es sollten SaaS-Anbieter ausgewählt werden, die nach der Norm für Rechenzentren, ISO 27001, durch das Bundesamt für Sicherheit in der Informationstechnik geprüft und zertifiziert wurden.

Aus Sicht des Servicegebers

Auch für den Servicegeber ergeben sich durch das SaaS-Modell Vor- und Nachteile, die nachfolgend beschrieben werden:

Vorteile
- Erweiterung des IT-Leistungsangebots und Erzielung zusätzlicher Um-

satzerlöse
- Längerfristig gesicherte Einnahmen und bessere Liquiditätsplanungsoption
- Geringere Wahrscheinlichkeit des Auftretens von Softwarepiraterie

Der Servicegeber hat die Möglichkeit sein IT-Leistungsangebot zu erweitern und somit weitere Erlöse zu generieren. Da der Servicenehmer meist monatliche Gebühren für die Nutzung der Software zahlt, können längerfristiger Einnahmen gesichert und somit auch die Liquidität besser geplant werden. Außerdem werden weniger Verluste durch die Software-Piraterie erzielt, da die Software zentral beim Servicegeber verwaltet wird.

Nachteile
- Investitionsrisiko
- Akzeptanzprobleme auf dem IT-Markt
- Möglicher Imageschaden und Umsatzverluste

Ein Nachteil des SaaS-Modells ist das hohe Investitionsrisiko, da die Anschaffung und Verwaltung der IT-Infrastruktur durch den Servicegeber gewährleistet wird. Außerdem ist das SaaS-Modell relativ neu auf dem IT-Markt, sodass derzeitig Akzeptanzprobleme beim Servicenehmer bestehen. Die Akzeptanzprobleme werden meist mit der mangelnden Datensicherheit begründet. Im Fall, dass die Sicherheitsmaßnahmen nicht eingehalten werden und sensible Unternehmensdaten an externe Dritte gelangen, könnte ein enormer Imageschaden mit drastischen Umsatzeinbußen entstehen.

Datenschutz

Bei SaaS liegen die Kunden- oder Mitarbeiterdaten des SaaS-Kunden nicht mehr auf eigenen Rechnern, sondern beim SaaS-Anbieter. Zwischen dem Kunden und dem Anbieter von SaaS liegt regelmäßig ein Fall der Auftragsdatenverarbeitung nach § 11 Bundesdatenschutzgesetz (BDSG) vor. Der Kunde ist verpflichtet, den Anbieter sorgfältig auszuwählen, regelmäßig zu kontrollieren und das Ergebnis der Kontrollen zu dokumentieren. Der Kunde bleibt für die Rechtmäßigkeit der Datenverarbeitung verantwortlich. Verträge über die Erbringung von SaaS müssen zudem den 10-Punkte-Katalog des § 11 BDSG umsetzen, sonst drohen dem Kunden Bußgelder von bis € 50.000 (§ 43 Abs. 1 Nr. 2b BDSG).
Von „http://de.wikipedia.org/wiki/Software_as_a_Service"

Ubuntu One

Ubuntu One ist ein Filehosting-Dienst des Unternehmens Canonical.

Er ist primär für Anwender von Ubuntu-Betriebssystemen gedacht, kann aber auch mit anderen Systemen wie bspw. Mobiltelefonen oder Microsoft Windows genutzt werden. Ubuntu One ermöglicht Benutzern, über einen zentralen Server die Synchronisation von Daten zwischen mehreren Computern bzw. zwischen Computern und Mobiltelefonen. Angeschlossen ist des Weiteren ein Online-Musikdienst, welcher auch das Streaming auf Mobiltelefone ermöglicht. Genutzt werden kann das Angebot zum einen über eine Client-Software aber auch über eine Webschnittstelle.

Geschichte

Der Dienst wurde im Mai 2009 mit einer öffentlichen Beta-Phase aufgenommen. Die anfangs zur Nutzung notwendige Beantragung von Zugangscodes entfiel Ende Juli. Anfang Oktober wurde der für zahlende Kunden verfügbare Speicherplatz auf 50 GB erhöht. In der Ende Oktober 2009 erschienenen Version 9.10 von Ubuntu wurde der Dienst in die Distribution integriert. Mit der Veröffentlichung von Ubuntu 10.10 im Oktober 2010 endete der Beta-Status und das Zahlungsmodell wurde geändert. Neben dem kostenlosen Angebot ist Speicherplatz nun in 20 GB Paketen buchbar. Weiterhin gibt es einen kostenpflichtigen Synchronisierungsdienst für Mobiltelefone.

Funktionsweise und Bedienung

Ubuntu One legt ein gleichnamiges Verzeichnis im Benutzerverzeichnis an. Dort abgelegte Dateien werden bei bestehender Internet-Verbindung mittels der Client-Software *Ubuntu One Client* auf den Server übertragen. Andere Rechner, die mit demselben Benutzerkonto von Ubuntu One verbunden werden, laden sich die geänderten Dateien ebenfalls mittels dieser Software bei nächster Gelegenheit vom Server herunter. So wird der Datenbestand auf allen Geräten synchron gehalten.

Neben einfacher Dateisynchronisation bietet Ubuntu One auch die Synchronisation ausgewählter anderer Daten an. So können Kontakte aus dem Adressbuch von Evolution oder Notizen des Programms Tomboy synchronisiert werden. Die Verfahrensweise gleicht der bei Dateien. So werden auch diese Daten mittels *Ubuntu One Client* zunächst auf einen Server und von dort auf andere Geräte verteilt.

Webschnittstelle

Der fest installierte *Ubuntu One Client* dient lediglich zur Übertragung der Daten auf den Server. Angelegt und bearbeitet werden die Daten in dem auf dem Rechner jeweils dafür zuständigen Programm. So werden Kontaktdaten bspw. mit Evolution bearbeitet. Sind die Daten jedoch einmal auf den Server hochgeladen, können einige Bearbeitungen auch im Browser mittels einer Webschnittstelle vorgenommen werden. Diese stellt folgende Funktionen bereit (Stand: November 2009):

- Dateien verwalten, also hochladen, herunterladen, Ordner anlegen, Dateien und Ordner löschen, Ordner für andere Nutzer freigeben. Alle hier getätigten Veränderungen werden auf alle mit diesem Konto eingerichtete Rechner übertragen.
- Adressbücher bearbeiten, die sich mit der E-Mail-Software Evolution auf dem eignen Rechner synchronisieren

- Notizen bearbeiten, die sich mit dem Notiz-Programm Tomboy synchronisieren

In Zukunft soll diese Funktionalität jedoch erweitert werden.

Pakete

Es werden verschiedene Pakete angeboten. Diese unterscheiden sich in Preis sowie Funktionsumfang.

- *Ubuntu One Free*

Hierbei handelt es sich um das kostenlose Basispaket mit 5 Gigabyte Speicherplatz.

Es können Dateien, Kontakte, Lesezeichen und Notizen zwischen verschiedenen Geräten synchronisiert werden. Auch werden im *Ubuntu One Music Store* gekaufte Musikstücke zwischen den eingetragenen Systemen synchronisiert. Ein Zugriff per Webschnittstelle ist in diesem Paket ebenfalls enthalten.

- *20-pack of storage*

Zusätzlich zu den kostenlos erhältlichen 5 Gigabyte Speicherplatz können beliebig viele weitere 20-Gigabyte-Pakete kostenpflichtig hinzugefügt werden. Vom Funktionsumfang sind diese – bis auf den erweiterten Speicherplatz – mit Ubuntu One Basic identisch.

- *Ubuntu One Mobile*

Dieses kostenpflichtige Paket ermöglicht das Streaming einer Musiksammlung von den Servern des Angebots auf Mobiltelefone.

Technik

Clientseitig gibt es den in Python geschriebenen *Ubuntu One client* für Ubuntu ab Version 9.04 mit einem Daemon zur Datensynchronisation und einem Applet für das Panel der Desktop-Umgebung, das bei Übertragungen und Unterbrechungen benachrichtigt. Zur Synchronisierung kommt die Software *Twisted* und Protocol Buffers für die Protokollbeschreibung zum Einsatz. Die Daten bestimmter Applikationen wie z. B. Tomboy können durch den Zugriff auf eine lokale CouchDB-Instanz synchronisiert werden.

Ein Client für Windows XP, Vista und Windows 7 befindet sich in einer öffentlichen Beta-Phase.

Ubuntu One Mobile

In Kooperation mit Funambol wird ein SyncML basiertes Konzept zur Synchronisation von Kontakten, Aufgaben und Kalenderdaten mit Mobiltelefonen angeboten.

Ubuntu One Music Store

Der *Ubuntu One Music Store* (in Kooperation mit 7digital) enthält MP3-kodierte Lieder in 256 kbps oder höherer Bitrate ohne DRM. Die Einbindung in Ubuntu erfolgt direkt über den GNOME-Musikspieler Rhythmbox oder über Banshee mittels einer Erweiterung. Gekaufte Lieder werden neben dem lokalen Download auch in den Online-Speicherplatz des Nutzers überführt und können mit jedem angeschlossenen Computer synchronisiert werden. Je nach gebuchtem Paket ist von dort auch Streaming auf ein Mobiltelefon möglich.

Kritik

Der Name *Ubuntu* steht in der Öffentlichkeit für freie/quelloffene Software, wogegen die auf dem Server laufenden Teile von *Ubuntu One* proprietär sind. Das wird von vielen Mitgliedern der Linux-Gemeinde als Missbrauch des Rufes von Ubuntu gesehen.

Weiterhin behält sich Canonical das Recht vor, Konten zu löschen, die 90 Tage nicht benutzt wurden. Dabei bleibt die lokale Kopie der Daten jedoch erhalten und der Nutzer wird vorher über die Löschung benachrichtigt.

Von „http://de.wikipedia.org/wiki/Ubuntu_One"

WaveMaker

WaveMaker (früher bekannt als **ActiveGrid**) ist eine freie Entwicklungsplattform, die viele Schritte der Entwicklung von Ajax-Webanwendungen automatisiert. WaveMaker ist selber in Java und JavaScript geschrieben und steht als Freie Software unter der AGPL auch im Quelltext zum Herunterladen bereit, es können jedoch auch gehostete Versionen gemietet werden, die auf virtuellen Servern von Amazon (der sogenannten Amazon Elastic Compute Cloud, EC2) laufen.

WaveMaker ermöglicht Webentwicklern Ajax-Anwendungen zu erstellen. Das WaveMaker-Framework selbst hat Spring, ACEGI, Dojo Toolkit, LDAP, Active Directory und POJOs integriert. Ebenfalls enthält es Visual Ajax Studio 4.0 für die RIA-Entwicklung und WaveMaker Rapid Deployment Server für Java-Anwendungen.

Anwendungen, die mit der WaveMaker Community Edition erzeugt wurden, stehen unter der Apache-Lizenz. Eine kommerzielle Lizenz mit zusätzlichen Sicherheitsmöglichkeiten ist ebenfalls erhältlich.

WaveMaker-Anwendungen werden mit Hilfe des WaveMaker-Studios erstellt, ein WYSIWYG-Editor, der im Browser läuft und die Entwicklung von Webanwendungen per Drag and Drop ermöglicht, die einer Model-View-Controller-Architektur folgen. WaveMaker unterstützt RAD, ähnlich wie Microsoft Access, PowerBuilder und Lotus Notes.

WaveMaker-Anwendungen laufen auf einem Standard-Java-Server, basierend auf Apache Tomcat, Dojo Toolkit, Spring und Hibernate. Dank der Realisierung der Software in der interpretierten Programmiersprache Java läuft sie auf allen Plattformen, die von der entsprechenden Laufzeitumgebung unterstützt werden. Vorgefertigte Installationspakete werden für Windows, Linux und Mac OS X angeboten.

WaveMaker wurde im März 2011 von SpringSource übernommen, einer Abteilung der Firma VMWare. Es wird weiterhin sowohl die freie OpenSource Community Variante geben, als auch die Enterprise Edition für die kommerzielle Nutzung.

Seit 27.06.2011 gibt es die Version 6.3.2 GA, in der die Enterprise und Community Version zusammengeführt sind, und als Open Source veröffentlich sind. Von „http://de.wikipedia.org/wiki/WaveMaker"

Windows Live SkyDrive

Windows Live SkyDrive, ehemals *Windows Live Folders*, ist ein Dienst von Microsoft Windows Live, der es ermöglicht, Dateien auf eine virtuelle Festplatte hochzuladen und dort zu bearbeiten.

Der Zugriff erfolgt über einen Browser (Internet Explorer, Safari oder Firefox). Die Dateien können auch anderen Nutzern zugänglich gemacht werden. Der kostenlose Speicherplatz beträgt 25 GB. Die maximale Größe für Upload-Dateien beträgt 100 MB. Optional kann Microsoft Silverlight installiert werden, damit Dateien einfacher hochgeladen werden können. Seit Mai 2008 ist SkyDrive nicht nur in Englisch, sondern auch in Deutsch und anderen Sprachen verfügbar. Unter aktuellen Windows-Betriebssystemen ist es auch ohne spezielle Software möglich, SkyDrive als Netzlaufwerk ins System einzubinden.

Mit Hilfe des als Freeware für Microsoft Windows verfügbaren Tools SDExplorer können Dateien und Ordner einfacher auf SkyDrive hochgeladen werden. Die kostenpflichtige Version SDExplorer Pro ermöglicht es, SkyDrive als zusätzliches Laufwerk in den Arbeitsplatz einzubinden.

Mit der Einführung von Microsoft Office 2010 wurden dem Online-Angebot auch vereinfachte Web-Versionen von Word, Excel, PowerPoint und OneNote hinzugefügt, mit denen vom Browser aus einfache Dokumente erstellt und auch teilweise bearbeitet werden können. So lassen sich zum Beispiel Präsentationen online, ohne lokal installiertes PowerPoint wiedergeben.

Des Weiteren besteht die Möglichkeit mit Hilfe des Smartphone-Betriebsystems Windows Phone 7 auf SkyDrive zuzugreifen, um Fotos und Microsoft Office-Dokumente hochzuladen.

Von „http://de.wikipedia.org/wiki/Windows_Live_SkyDrive"

Wuala

altes Logo

Wuala (ausgesprochen wie das französische Wort *Voilà*) ist ein in Entwicklung (Open Beta) befindliches Freeware-Programm für die Betriebssysteme Microsoft Windows, Mac OS X und Linux, welches dem Benutzer eine virtuelle Online-Festplatte zur Verfügung stellt. Die Open-Beta-Phase läuft seit dem 14. August 2008.

Am 19. März 2009 hat Wuala bekanntgegeben, sich mit dem Computerperipherie-Hersteller LaCie zusammenzuschließen.

Im April 2010 hat Wuala sein Angebot für fünf weitere Sprachen (Französisch, Italienisch, Spanisch, Portugiesisch und Niederländisch) gestartet. Damit gibt es Wuala jetzt in 11 verschiedenen Sprachen.

Funktionsweise

Wuala basiert auf einem dezentral aufgebauten Netzwerk und benutzt (soweit der Benutzer dem zustimmt) die brachliegenden Ressourcen der einzelnen im Wuala-Netzwerk befindlichen Computer als zusätzlichen Speicherplatz. Will man eine Datei zum Beispiel per Drag and Drop auf seine Wuala-Festplatte stellen, so wird diese noch am eigenen Rechner verschlüsselt (mittels eines 128 bit AES-Algorithmus). Die Datei wird daraufhin in mehrere Teile (Fragmente) unterteilt und anschließend so oft im Netzwerk verbreitet, dass eine dauerhafte Verfügbarkeit und Integrität der Datei gewährleistet ist.

Neu angemeldete Benutzer erhalten seitens des Herstellers 1 GB an Online-Speicherplatz zur Verfügung gestellt, welcher durch eine Option *(Speicher tauschen)* erweitert werden kann. Ein Kriterium hierfür ist, dass der Computer, auf dem Wuala läuft, mindestens ca. 4 Stunden pro Tag online sein muss, um eine gewisse Verfügbarkeit zu gewährleisten.

Die Menge an Speicherplatz, die man sich durch dieses System zusätzlich erhalten kann, errechnet sich aus dieser Online-Zeit und aus dem Platz auf der eigenen Festplatte, den man Wuala zur Speicherung fremder Daten zur Verfügung stellt. Alternativ ist es auch möglich, zusätzlichen Speicher käuflich zu erwerben. Der Preis schwankt zwischen 19 € für 10 Gigabyte bis 229 € für 250 Gigabyte pro Jahr. Höhere Kontingente werden auf Anfrage gehandelt.

Für die Authentifizierung der Benutzer im Netzwerk wird der RSA-Algorithmus mit 2048 bit Schlüssellänge verwendet.

Seit der Wuala-Version vom 7. August 2008 (Build 462 (Windows) bzw. Build 72 (Windows-Version mit neuem Installer)) sowie den entsprechenden Linux- und Mac-OS-X-Versions-Pendants gleichen Datums steht es allen Benutzern frei, den öffentlichen *Welt/World*-Bereich von Wuala auch ohne eigenen Wuala-Account zu benutzen (Durchsuchen, Lesen). In späteren Wuala-Versionen soll auch ein komplett anonymer Zugriff möglich sein, inklusive der Möglichkeit, Dateien anonym in Wuala hochzuladen.

Seit dem 14. August 2008 ist Wuala für alle öffentlich als „open beta"-Java-Applet über die Wuala-Homepage direkt aus einem Webbrowser ausführbar.

Seit dem 16. Dezember 2008 sind sämtliche als öffentlich markierte Dateien sowie jene private Ordner, die mit Kennwort freigegeben sind, für jedermann mit entsprechenden URLs über die Website erreichbar.

Mit dieser Neuerung ist die Website von *www.wua.la* nach *www.wuala.com* umgezogen.

Wuala kann seit der Version vom 9. Januar 2009 manuell auf eine bestimmte festzulegende IP-Adresse konfiguriert werden. Dies ist beispielsweise bei mehreren IP-Adressen pro System nützlich.

Seit einem Update vom 19. August 2010 ist es möglich, Daten über mehrere Computer und Betriebssysteme hinweg zu synchronisieren.

Sicherheit

Da das Programm Closed Source ist, kann die Sicherheit nicht von jedermann durch ein Audit festgestellt werden. Die FAQ behauptet, dass das Programm keine Spyware enthält. Außerdem existiert eine Publikation des Herstellers, die sich auf die kryptografischen Funktionen hinter der Software bezieht.

Von „http://de.wikipedia.org/wiki/Wuala"